命理生活新智慧・叢書 109

致富達人招財術

金星出版社 http://www.venusco555.com
E-mail: venusco@pchome.com.tw
法 雲 居 士 http://www.fayin.tw
E-mail: fatevenus@yahoo.com.tw

法雲居士⊙著

金星出版

國家圖書館出版品預行編目資料

致富達人招財術／法雲居士著，
--臺北市：金星出版：紅螞蟻總經銷，
2011年11月 初版；面；公分—
（命理生活新智慧叢書；109）

ISBN：978-986-6441-55-4（平裝）

1.命書

293.1　　　　　　100017266

致富達人招財術

作　　者：　法雲居士
發 行 人：　袁光明
社　　長：　袁靜石
編　　輯：　王璟琪
總 經 理：　袁玉成
出 版 者：　金星出版社
社
電
傳
地址：台北市南京東路 3 段 201 號 3 樓
電話：886-2-2362-6655
FAX：886-2365-2425
郵政劃撥：18912942金星出版社帳戶
總 經 銷：　紅螞蟻圖書有限公司
地　　址：　台北市內湖區舊宗路二段121巷28・32號4樓
電　　話：　(02)27953656（代表號）
網　　址：　www.venusco.com.tw
　　　　　　金星出版社.com
E-mail　：　venusco@pchome.com.tw
　　　　　　venus@venusco.com.tw
法雲居士網址：http://www.fayin.tw
E-mail　　：fatevenus@yahoo.com.tw
版　　次：　2011年11月初版
登 記 證：　行政院新聞局局版北市業字第653號
法律顧問：　郭啟疆律師
定　　價：　350 元

行政院新聞局局版北字業字第 653 號

ISBN：978-986-6441-55-4　（平裝）

（因掛號郵資漲價，凡郵購五冊以上，九折優惠。本社負擔掛號寄書郵資。單冊及二、三、四冊郵購，恕無折扣，敬請諒察！）

序

『致富』就是『要成為富翁』！在一般平民百姓中，這是普遍的願望。

『致富』有很多型式。有的人生下來就在富豪之家，就已經很富有。因此『致富』不費吹灰之力。有的人幼年困苦，青少年勵精圖治，中年以後才漸富有。更有些人幼年、青少年過得富裕，而老年困頓。還有人中年暴發旺運而大起大落，如坐雲霄飛車，人生恍如一夢。

『致富』亦有很多條件，在命理學中，首重八字中要多見『財星』。再加上大運行經『財運』。亦或有『暴

致富達人招財術

發運』格。即是『致富達人』的命格。

某些『致富』的條件中，亦有『因貴』而致富的。例如因政治地位的升高而達到致富的條件的。或者是因考試、讀書、學問的增高，而社會地位增高而致富的。有些作家因寫作大賣而致富，也屬此種類別。

古時及現代都還有因『武力』而致富的，例如西晉時的『石崇』，亦官亦盜、搶劫致富。現今的索馬利亞海盜也在公海之上搶劫，未來說不定那一天又會在英、法的高級名流宴會上以那個伯爵富豪之名而出席招搖呢。

又例如利比亞的強人格達費的兒子們，在國內狂征暴斂，在國際上也多所需索，所得資產也散布歐美各國，總數有一千億美元。在美國被查封之財產就有三百多億美元。在英國被查封的就有一百億美元以上，其他

致富達人招財術

在法、德、瑞士、加拿大等地的財產也不計其數。『致富達人』的招財術，有一定型式格數。但是就要看你想招的是如何大的一筆財了？每個人都可經由努力學習與奮鬥辛勤，再加上一定的招財技術，成為『致富達人』。『大富由『命』，小富由『運』』。在此與讀者共勉之。

法雲居士　謹識

命理生活叢書109

致富達人招財術

目錄

致富達人招財術

前言──『招財術』中有最高旺運

這本《致富達人招財術》一書的主旨，由於看到不少具有偏財運的人，在歷經了『暴起暴落』的過程，最後又落入貧窮和痛苦的境地，心生不忍，又再次來討論：如何將偏財運這種好運、旺運做持久的發揮，除惡揚善，除去『暴起暴落』、『大起大落』的魔咒悲哀，只保留對人生好的一面的影響，像成功啦！財富啦！升官、地位的掌握等等的獲得和掌握。

大家都可從人生經驗中發覺到，很多事是沒有絕對的『利』與『弊』的。這就是說：大家一窩瘋看到了偏財運可得大財富的『好』，但是也忽略了它所包含的其他特性。在又落入谷底時，又對它提出報怨。這也是說『暴起暴落』原本就是偏財運的一部份內含體質，不管你有多嫌惡、怨嘆，只要你的命格中有偏財格，你就要接受這種大起大落的命運。因為這已是一種自然法則了，你只有順天而行，默默承受了。

不過呢！我也常告訴大家說：『運氣』這種東西，它本身是沒有好壞或邪惡之分的，端看你怎麼去利用它。利用得好，適合自己用的，能幫忙自己的運氣，就是好運，就能為自己帶來利益。

用的不好的『運氣』，或不會用的『運氣』，或是會為自己帶來麻煩、災禍的運氣，就是壞運、衰運。會為自己帶來灰暗不順的日子和人生。

我的一本書『用你的運氣來減肥瘦身』中，就是教大家用平常大家以為是不好的運氣，例如『擎羊運』、『陀羅運』、『火星』、『鈴星』、『化忌』、『地劫』、『天空』等運氣來做自然減肥法，不需要太多的辛苦，也不需藥物幫忙，更不需禁食，就會自然而然的瘦下來。所以你看！這是不是很奇妙呢？這些原本是對人類刑剋的運氣，只要善於利用，是不是又轉化成有用的運氣了呢？

因此，『**運氣**』**之事，端看人們如何去利用它**、控制它、管理它，而且要用腦、用手親自去操作和實驗，而不是等運氣到來時，像玩俄羅斯輪盤遊戲一般，不知是生是死？不知是幸運或死亡一般的驚險了。

這本『致富達人招財術』的書，主要是告訴大家，不論是怎麼樣的人生，都是可事先規劃的。偏財運也是可以規劃的。想要得到偏財運，也想要保留偏財運的財富，想要擠上富貴人生的行列，是要做許多功課與準備工作的，更要不斷的提升自己的能力，與學習新知識，和培養理財能力，才能保有新的旺運財富。

另外，我也想藉這本書，提供給那些曾經發富，享

致富達人招財術

受過財富滋味的人，而今又落在谷底的人一個參考。你反省了嗎？你知道你並沒有為你的人生做過任何有利的計劃吧！你只是順應運氣，跟著感覺走而已！

所以呢！在下次致富機會到來之前，你是否要如此的矇矇懂懂、仰望偏財運的到來而糊塗過日子呢？

你是否還願意再一次的在『暴起暴落』中翻滾煎熬呢？

快點整理頭緒，趁早看看能為自己做些什麼？學些什麼吧！

『**致富達人招財術**』**這本書**，同時也揭露了我所見到的人群中之一些人，是如何來利用偏財運的幸運，再加以累積而致富的實例，這也是提供了另一類致富的方法。

第一章

致富達人的招財術會為人類導引各種人生

人的生存環境、時間、空間以及思想、運氣，會為致富達人的『招財術』招來各種不同的人生境遇。

第一章 致富達人的招財術會為人類導引各種人生

致富達人的『招財術』就是用暴發運來致富

特殊『招財術』的暴發運能為人類創造大財富，是大家普遍都知道的事。而且會認為很讓人羨慕，甚至嫉妒。但是特殊『招財術』的暴發運會為人改變命運和人生的經歷和過程，會為人類創造各種不同的人生，大家就未必能很清楚的知道內中原由了。

致富達人的『招財術』會為某些人開創極致人生

也甚至連爆發過暴發運的當事者自己本身也不見得弄得懂『為何自己的人生和別人有這麼大的不同？為何有這麼多的波折、起伏升降這麼大？驚濤駭浪這麼多？』這些人常在自己好運當頭的時候，志得意滿的認為：自己天生異稟，聰明度和別人不一樣，天生好命，不同於凡俗之人、高人一等，睥睨一切。等到波濤起伏、錢潮及好運退卻，其人又打回原形之時，又會哀哀自苦。有些人又甚至說：我寧願和我其他的朋友一樣，或和我自己的兄弟姐妹一樣過平凡人的平靜生活，而不想要再有這種偏財運大起大落的人生。

致富達人的『招財術』——偏財運就是暴發運。內容有二：一是『爆發運氣運程』，因好運升官，或擴大事業而得大財，是富貴皆有的局面。**另一種是『爆發財運』**，能得大錢財。這也完全要看其人的命格格局與運程走勢而定的。普通的小市民，命格中沒有主貴的貴氣，即使能主富，所爆發的偏財運就是以錢財為主了。能主貴的偏財運，才能為人在事業與名位上帶來富貴皆高的局面，而且是『因貴而富』的。在命理上亦有『因富而貴』的人，格局各有不同。

自古以來，『偏財運』就會為人創造各種不同的人生。古之能成大名器者，皆多半有偏財運，**亦稱『暴發運』**，例如孔子、秦始皇、韓信、張良。

各朝各代的名人，能成就事業者也大多具有『偏財運』（暴發運），只是在古代沒有人在研究這方面的事而忽略之。比較靠近近代的人，如清朝名將左宗棠、民國以後的蔣夫人宋美齡女士，甚至於現今企業名人，包括長榮集團的張榮發先生、宏碁集團的施振榮先生、鴻海集團的郭台銘先生，以及美國首富，微軟公司的比爾蓋茲、英前首相丘吉爾等人。美國前總統柯林頓、或是德國納粹首領希特勒等等、台灣前總統陳水扁先生皆為有偏財運的人。

具有偏財運的人不計其數，佔有全人類的三分之一。這些人鼓動歷史風潮，一波接一波。他們不但不斷創造了自己的奇妙人生，同時有些人也改變了數千萬及數億人的人生。例如希特勒自己的風雲際會，發動了二次世界大戰，也使世界上幾乎上百億的人奔徙流離。所以偏財運可以造就個人的富貴，但未必對別人有益處，端要看其人的品行和善良度而定了，但這也是他人所無法影響和改造的。

以此本書來說，我們要研究、要談的是如何做理財達人來『招財致富』的問題，是以求財富為主的話題，所以那些人生中在政治圈大鳴大放的故事，我們就不多談了，**而是專以『致富達人招財術』為主題做分析討論。**

第一節　致富方法不同會產生各種不同人生

以『暴發運』致富有很多種類，例如『武貪格』、

『火貪格』、『鈴貪格』等等。『武貪格』又分為『辰戌武貪格』及『丑未武貪格』。表示是在辰、戌年或丑、未年爆發的。『火貪格』和『鈴貪格』也會以暴發年來表示，例如：『子午火貪格』、『子午鈴貪格』，或是『寅申火貪格』、『寅申鈴貪格』、『卯酉火貪格』、『卯酉鈴貪格』、『巳亥火貪格』、『巳亥鈴貪格』等等。只要格局列出來，爆發年份也就一目瞭然了。

其實具有『武貪格』的人的人生，和具有『火貪格』或『鈴貪格』的人的人生都各自不一樣。雖然都是爆發偏財運，而得到大錢財，但事情的經過和曲折度，以及爆發的速度感，及日後暴落的速度皆有稍為的不

致富達人招財術

同。

例如有『火貪格』或『鈴貪格』的人，可以直接買彩券中獎而得大財富。

而具有『武貪格』偏財運的人，則多半經由工作，或做生意，或買賣，和事業有關的事情而爆發偏財運，錢財會繞了一個大圈子才到你這兒來。

很多人都是在回顧自己的經歷，大都覺得太不可思議了，有時覺像洗三溫暖一般冷暖自知，有時覺得自己太偉大了、太棒了！回想自己幼年時代或青少年時代困苦的經歷，真沒有想到日後的自己竟然擁有這麼多的的財富與奇妙的經歷。很人看著自己走過的路，起伏的人生，究竟是為何變成這樣的呢？彷彿冥冥之中有隱形的人已經把你前面的路給鋪好了，你就是不得不順著那條路走過去。事實上也沒有別條路好走，只有硬著頭皮走上命運之路。結果就一路打拚一路發富了。

有一位朋友，在三十五歲以前很窮，做任何事都沒起色。但三十五歲一過，便好運來到了。

非常有意思的事是這位朋友的『暴發運格』在『僕役宮』（朋友宮），因此他以投資朋友的事業而賺了大錢。錢財滾滾而來，十幾年功夫，他已在世界各地置產，並且做了前美國總統老布希的鄰居。

僕役宮是暴發運格的命盤

子女宮 紫微 七殺 文曲 辛巳	夫妻宮 壬午	兄弟宮 陀羅 癸未	命宮 祿存 甲申
財帛宮 天機 天梁 鈴星 庚辰	水二局	陽男	父母宮 廉貞 破軍 擎羊 文昌 乙酉
疾厄宮 天相 己卯			福德宮 天空 丙戌
遷移宮 太陽化祿 巨門 戊寅	僕役宮 武曲化權 貪狼 己丑	官祿宮 天同 太陰化忌 戊子	田宅宮 天府 天馬 左輔 丁亥

致富達人招財術

他有一次把他投資的朋友命格拿給我看，嚇了我一跳，我說：『這真是怪人啊！尤其脾氣特別古怪！』他說他投資的人都是這種怪人。這些人對專業工作有熱誠，但對錢財名利淡薄，在研究一項科技產品時，花錢花得凶，但成功時，利益也十分驚人。他就是靠這種慧眼識英雄的本領，做起大老闆的。平常很閒，一年出國去看兩、三次工作團隊，看一下就好了。

這樣的暴發運，一個對年發一次（每隔六、七年）發一次，財富就如此繼續膨脹累積起來了，這還沒到他真正最大一次的暴發運時候呢！倘若大運、流年、流月都在暴發運格上，就是一生中最大一次暴發運的時間了。他大約是在五十多歲逢牛年時會遇到。**因為這是『丑未武貪格』的暴發運格**，是故是發在事業上再得大財的。

倘若此人不投資別人，也根本不想做事業，那他也就得不到這種暴發運了。

就像宋美齡女士、赫伯村先生、張榮發先生、陳水扁先生、郭台銘先生、比爾蓋茲、星雲法師，這些人在政治、經濟方面有作為、衝勁的人，能成就大事業的人，差不多都是命格中有『武貪格』的人，只有少數的成功者是具有『火貪格』或『鈴貪格』的人。這些人中有美國總統柯林頓、小說家張愛玲小姐。

你看！暴發運會在各行各業中的姣姣者、成功者身上出現。這些人也會因努力的方向不同，性格的取向不同，而各自創造了自己不同的人生境界。

暴發運也會在小市民身上出現，會帶來大錢財，也會把人的命運搞得翻天覆地。

有一位女軍官退役下來還正年輕，剛好有機會進入一個股票操作集團，幫忙一位老師名嘴在電視上解說股盤，一方面搞股友社，拉抬及操作股票來賺錢。一段時間賺了不少錢，後來因政府管制，名嘴老師也流走他鄉到大陸躲了一陣子。這位小姐同時也吃上官司，也把錢吐了一些出來，後來他也想到大陸另起爐灶，但事情皆不順利，又回台再解決自己的官司問題，她說：『只要再繳一些罰金就可解決！』

回首前塵，賺來的錢已差不多全光了，真是一場空。她十分遺憾的說，很想像其他的姐妹一樣過平凡普通的生活，但總覺得回不去了。也常奇怪？為什麼自己的人生這麼波折？以前的風光好像時間並不很長，後面的官司、麻煩、東躲西藏，日子也很難過，感覺起來也比較長一些。

此人也正是逢上『武貪格』暴發運格爆發而藉由工作賺了數千萬，紅了一年多，隨後暴落也來得快，本以為從此擠入富人之列，而沒有做好後段真正理財的工作。

女軍官 命盤

父母宮 紫微 七殺 祿存 天空 地劫 丁巳	福德宮 擎羊 戊午	田宅宮 己未	官祿宮 火星 庚申
命宮 天機化忌 天梁 陀羅 文昌 鈴星 丙辰	陽女 土五局		僕役宮 廉貞 破軍 辛酉
兄弟宮 天相 乙卯			遷移宮 文曲 壬戌
夫妻宮 太陽 巨門 右弼化科 甲寅	子女宮 武曲 貪狼化祿 乙丑	財帛宮 天同 太陰化權 左輔 甲子	疾厄宮 天府 癸亥

而且此人的命格上有某些瑕疵，賺的錢不算是正當的錢財，才會敗得這麼快。同時這也是其人命格中財少的關係使然。所以本命中帶財的多寡也會影響人生的起伏快慢。

第二節　環境相異，致富方法也會改變人生

致富達人的生存環境，其實就是暴發者要爆發當時所處的環境。例如：有『武貪格』的人，容易爆發在事業上，而你在暴發運的時間點上正從事何種工作，你就

會以何種工作來發達而得財。

例如張大千先生本命就是『武曲化祿、貪狼化權、擎羊、鈴星坐於命宮』的人，其人的工作是畫家，其人就會以繪事得到大名聲而帶來財富，自然其人就是藝術境界的人生了。

蔣宋美齡女士也是『武貪坐命』的人，但『遷移宮』中有『擎羊』獨坐，故其人會是在鬥爭、競爭環境中的角色，故做政治人物是必然的事，其人本命也是『武貪格』，這就自然而然的會在偏財運爆發在政治事物和環境上，為二次大戰中的中國出力不少。

環境會影響人從事的行業，自然會影響到此人會藉

由什麼原因、因素來爆發了。

又例如：佛光山的星雲法師也有偏財運，但他從事的是宗教活動，故當其人暴發運爆發時，就能為佛光山的事業創造許多佳績。更能使佛光山收到的捐款，以及佛光山的資產有奇蹟式增多現象。信徒也會突然增多。其人在暴發運當時所逢到環境會突然發生事件，或形成非常適合宗教成長的環境，信教的人突然增多了，捐款也突然增多了。

又例如：郭台銘先生和施振榮先生是在電腦產業科技方面發展的，其人是從事企業的經營，因此在暴發運爆發時，自然就爆發在事業上了。

又例如：歌神張學友先生和張惠妹小姐是在演藝圈發展的，因此當他們從事這項工作時，再加上暴發運的爆發，自然可功成名就了。

每個人的環境不一樣，不一樣的環境，再加上暴發運爆發時向上沖的暴發力，自然就會形成各式各樣、五花八門的各種不同的人生境界了。

因此，嚴格的說起來，大家也幾乎都是跟著命運在走，跟著感覺走的。

因為每個人都天生有敏感力，那個方向、那個事情是對自己好的，人十分敏感，自然就會朝那個方向去了。那種感覺就是『運氣』催生的，同時也是『命運』中自然而然形成的。

第三節 『致富過程』與『招財術』會因年齡關係改變人生

在『致富達人』的公式裡，是『不發少年時』的，這種狀況尤其出現在『武貪格』的人的身上，或是『武曲坐命』或『貪狼坐命』者身上，一定會到三十歲以後，甚至是三十五歲以後才會爆發大的暴發運。而且是突如其來的好運，**就像歌神張學友是三十二歲才爆發的，名模林志玲小姐也是三十歲以後才爆發好運、暴發運的，突然爆紅，**工作機會忙到影響睡眠時間，但錢財也大筆大筆湧進。

在許多人的『致富格局』和『暴發格』也大部份是在三十歲至三十五歲以後，或正在那個年紀上才爆發。但是也有例外，這完全要看命理組合才能知道。**例如張惠妹的暴發運格就是在二十歲爆發的，例如港星溫碧霞十三歲時為星探發掘**，開始從事演藝工作，負擔家計，為父母還債，這種暴發運、偏財運的格式把自己從一個貧苦、落後的生活環境提升至富裕多金、享受增多的環境，實在是人生不可思議的重大改變。就連張惠妹或溫碧霞的家人、父母都是始料未及的吧！**這當然和出生的時辰及時間有關，其實也是和當時的環境有關。**

我常說：『人都是順應當時環境需要而誕生的！』例如阿妹是原住民，在她受孕的當時，可能已註定她是可以為自己家鄉付出一份心力的人。也就是說在那個時間點上，會誕生如此性格和能得到大財力的人。

暴發運所發生的年歲會影響人生，這是千真萬確的事實。例如前面二位，一位在十三歲時開始走好運爆發偏財運，自然就從十三歲開始跳入另一個較富裕的環境之中，雖然辛苦，但有錢可賺，倘若偏財格是每六、七年爆發一次的，更會不斷的累積財富了。**而阿妹是二十歲開始爆發『暴發運』的**，二十歲以後就走入另一個富裕的環境之中。這和先前的幼年時代的環境是有天壤之別的。而且早爆發，能享受的時間較長。但是『暴發運格』提早爆發，通常不帶財或缺財、少財的時間在後面，會至中年、晚年再慢慢消失。這也是說，暴發運是一生最旺的旺運，是人生的最高點，人生運氣的曲線通常呈拋物線的型態。如果暴發運早發了，自然後面的運氣會落下來的。

致富達人早發的人，可很早便在名聲、地位及財富上有成就或高人一等。這算是好的一面。但中晚年會較低沈。

致富達人晚發的人，如果到六十歲、七十歲才爆發一生最大之暴發運，某些人可能還未真正享受到暴發運

致富達人招財術

的財富好處，便生命到此終結了。

像清朝名將左宗棠，在新疆之役大捷，是人生『暴發運』的最高點，名震邊疆，但隨後並沒有得到當時朝廷的讚許嘉獎，在兩、三年間很快的就謝世，『一將功成萬骨枯』的豪情也很快淹沒了。

在老年時代爆發的暴發運，很多是運氣沖到最高點而嘎然終止，人命也終止了。

所以，年紀輕一點時候能爆發『暴發運』，不但自己本人的享受可增長時間，享受得久一點，而且更可造福多一點的人，包括家人、鄉親，國家或全世界、全人類。如果中年三十歲、三十五歲爆發，此後的二十年是人生重要關鍵，如果經營得好，也是能造福周圍的人與國家，或全民族人類的。

只有老年爆發『暴發運』，只能富一家之人，**以及要面臨可能『暴發運』爆發完成之日，就是生命終結之時。**這裡是就一生中最大一次暴發運而言的。自然在這些具有『暴發運』格的人的人生還有許多小的『暴發運』機會，會在流年及流月上出現，亦會在流月中逢到。

青少年就成為致富達人、命運大好

青少年時代爆發『暴發運』，是其人一生中最容易改

變環境與整個人生經歷的重要時刻。自然這是最好的創造人生機運的機會。

有一個小朋友是『貪狼坐命』辰宮的人，具有暴發運，而且人生第一個大運就是『貪狼運』，正坐於暴發運爆發點上。在國小時期被選入體育國家代表隊，長期過團隊訓練生活，他的母親說，家裡從來沒為他花什麼錢，他是別人養大的，而且還常拿獎杯和獎金回家。所以暴發運、偏財運會改變人生的境遇和環境是一點也不假的。而且年歲愈輕，其改變對人的影響更大。

像三十歲、三十五歲以後致富達人才暴發的人，因為先前會做一番辛苦奮發的努力，好像前途、路子、職業已選定了，因此在爆發『暴發運』所選擇的工作環境是與自己喜用神相剋的，那暴發運也不一定發的大了。

例如： **有一位『武曲坐命』者**，『喜用神』要金水系列的用神，因此做與水有關，或與運輸、金屬有關的行業最好。但他卻在超市連鎖店中做殺雞、切肉的打包工作，這是與『羊刃』有關的工作，自然有些刑剋的工作，但是他認為薪水很好，很喜歡做(比以前好)。但是『暴發運』來臨時，相對也會打折扣。

第四節 『致富過程』與『招財術』的結果會影響人生

致富達人的運氣有大、有小，這不但關乎爆發力道的大小，也關係到所能得到錢財的多寡。更關乎所得利益時間的久長。

致富達人的『暴發運』的大小：

第一、會和你的『暴發運』格的格式有關。

第二、會和你本命帶財多少有關。

第三、會和你是否正逢人生中最大的一次『暴發運』有關。

致富達人的『暴發運』的格式會影響『暴發運』的大小

在『暴發運』的格式中，爆發力量最大的是『武貪格』的暴發運。

其中又以己年生人，有『武曲化祿、貪狼化權』的『武貪格』為最強，最有力，爆發的財富也最大。

其次庚年生人，有『武曲化權』在『武貪格』之中，爆發力也很大，而且得財也最多。

甲年生的人在暴發格的『武貪格』中有『武曲化科』時，基本上只是很會理財而已，對暴發運、偏財運幫助不大。

在命盤中有帶『權、祿』的『武貪格』，例如己年生人的『武曲化祿、貪狼化權』此等格局，不但會帶給其人很大的財富，也會影響人生的變化。因為常會在人生中某段時間突然有大筆錢財可入袋。因此其人在花錢上也會大手大腳的，不以為意。**此種現象在『紫微在巳』或『紫微在亥』命盤格式的人為最明顯。**

致富達人招財術

例㈠：

畫家張大千先生本就是『武曲化祿、貪狼化權、擎羊、鈴星』坐命未宮的人，其人命就是暴發格，所以常有意外大財可入袋。他也喜歡各種珍奇異品，常為了想得到一些東西，花錢不心痛。因此有人形容他為『富可敵國，貧無立錐』。他一生過的日子是別人艷羨的生活，但始終沒有太多積蓄，常欠債。而且是拚命畫畫、拚命還債的方式。

所以我們看到他雖有『暴發運』，能為他創造豐富、多彩多姿的人生經驗，出手闊綽，但有債務在身，精神上仍是有些痛苦的。

張大千先生 命盤

夫妻宮 天府 陀羅 己巳	兄弟宮 天同 太陰 祿存 庚午	命　宮 武曲化祿 貪狼化權 擎羊 鈴星 左輔 右弼 辛未	父母宮 太陽 巨門 陰煞 壬申
子女宮 天姚 戊辰	陰男 土五局		福德宮 天相 地劫 癸酉
財帛宮 廉貞 破軍 丁卯			田宅宮 天機 天梁化科 甲戌
疾厄宮 文曲化忌 丙寅	遷移宮 丁丑	僕役宮 文昌 天刑 丙子	官祿宮 紫微 七殺 乙亥

例(二)：

有一位命格是『機梁坐命』的小姐，本業是美髮師，她給終記得有一年賺了許多錢，生活過得很好，又買房子、車子，也買了許多名牌衣服和手提包，也到處投資。後來被股票套牢，目前過著窮兮兮的生活而長噓短嘆著。**在她的命格裡，在子女宮裡有『武曲化祿、貪狼化權、擎羊』**，具有『暴發運』格，但是她本身不知道，所以當時只是隨運氣起伏而得財而已，並沒有預先做計劃，也不知守財。**因此羊年賺的錢，到雞年逢『天相陷落』運時**，早已敗光而窮兮兮的唉聲嘆氣了。

美髮師 命盤

<table>
<tr><td>疾厄宮
天府 陀羅 天刑
己巳</td><td>財帛宮
天同 太陰 祿存
庚午</td><td>子女宮
武曲化祿 貪狼化權 擎羊
辛未</td><td>夫妻宮
太陽 巨門 天馬
壬申</td></tr>
<tr><td>遷移宮
文曲化忌
戊辰</td><td colspan="2" rowspan="2">陰女
木三局</td><td>兄弟宮
天相 火星 天姚
癸酉</td></tr>
<tr><td>僕役宮
廉貞 破軍
丁卯</td><td>命宮
天機 天梁化科 文昌 鈴星 陰煞
甲戌</td></tr>
<tr><td>官祿宮
右弼
丙寅</td><td>田宅宮
丁丑</td><td>福德宮
左輔
丙子</td><td>父母宮
紫微 七殺 天空 地劫
乙亥</td></tr>
</table>

這位小姐有特殊帶『權、祿』的『武貪格』，和前面畫家張大千先生帶『權、祿』的『武貪格』，表面上看起來非常像，但實際上能得到的總財富是有天壤之別的。而且暴發運的大小也有別。例如畫家張大千先生命中的財富是多少個以億為單位的財。而這位小姐命中的財最多到連百萬、千萬，沒法子再上升了。這是由八字來看來斷定的。**這位小姐也是因為本命中財不多的關係**，再加上性格上的自作聰明，而沒有把握住一生最大一次的暴發運的機會。因此想發財的事就如昨天黃花了。以後每逢武貪格運氣的年、月、日、時的時候，仍會有一些小偏財，但難以主富了。這就是本命中暴發運較小的關係。而張大千先生的『暴發運』是大的，既使大千先生過世之後，其人的畫作仍是不斷倍數創天價新高。倘若一個藝術家命中財少的話，遺作也不會有高價值。某些畫家生前窮困，死後出名，畫作價高，如梵谷，這是因為運程的關係。其人在生前未逢好運。而有畫作留下來，其生命力就長存、繼續走運，走到紀元、年運都適合時，自然又大出名及畫作大賣了。

致富達人的『暴發運』格有大有小

在致富達人的『暴發運』格中，實際上也有分大小的，**例如『武貪格』是最大的。『火貪格』、『鈴貪格』就**

較次之。

而且『火貪格』、『鈴貪格』會以『火星』、『鈴星』及『貪狼星』的旺度來分大小高低。

例如：『火貪格』、『鈴貪格』在午、戌宮是最高、最大的，爆發力很強，暴發的錢財也多。

其次是在寅宮，『貪狼居平』，『火、鈴居廟』。

再其次是子宮，『貪狼居旺』，『火、鈴居陷』。

再其次是在酉宮，『貪狼居平』，『火、鈴居廟』。

再其次是卯宮。再其次是巳宮。再其次是申宮。

最小的『暴發運』在亥宮，『廉貪居陷』，『火、鈴居平』。

致富達人的『火、鈴貪格』得財多寡的排行榜

最　強	『火、鈴貪格』在午宮、戌宮
第二強	『火、鈴貪格』在寅宮
第三強	『火、鈴貪格』在子宮
第四強	『火、鈴貪格』在酉宮
第五強	『火、鈴貪格』在卯宮
第六強	『火、鈴貪格』在巳宮
第　七	『火、鈴貪格』在申宮
第　八（最小）	『火、鈴貪格』在亥宮

例㈢：

有一位母親來為女兒算演藝事業的前途。剛好有一個星探經紀人找上她的女兒要簽做明日之星。但是我看過其女的命盤之後，請她勸女兒好好唸書，放棄做明星的幻想，但是女兒不喜歡唸書，也只好『隨運浮沈』了。

這位女兒的命格中有『廉火貪』在亥宮，本命是最低層次的暴發格、偏財格。所以在亥年有星探找上門，但時間會不久。其人性子急、十分衝動，想法古怪，動不動會離家出走，母親會很擔心，但也沒辦法，事事順著她，否則她發起脾氣來也無法消受。既然女兒不聽父母的話，只好讓她隨性所欲了。

明日之星 命盤

遷移宮 己巳	疾厄宮 天機 庚午	財帛宮 紫微 破軍化權 鈴星 辛未	子女宮 地劫 壬申
僕役宮 太陽化忌 右弼 戊辰	陽女 火六局		夫妻宮 天府 癸酉
官祿宮 武曲化科 七殺 擎羊 天刑 丁卯			兄弟宮 太陰 左輔 甲戌
田宅宮 天同 天梁 祿存 天空 丙寅	福德宮 天相 陀羅 文昌 文曲 丁丑	父母宮 巨門 丙子	命宮 廉貞化祿 貪狼 火星 乙亥

果不其然，豬年時在電視上露了一、兩次臉，就消失在螢光幕前了。**這主要是在亥宮的『廉火貪』格或『廉鈴貪』格，**因『火、鈴』皆陷落的關係，暴發運太小了。中獎的獎金，可能只有幾千元、幾萬元，最大不過數十萬元而已。要靠此運來出人頭地著實不易，而且要搶時間、時效，時間又短，因此多半是虎頭蛇尾，無寂而終的。

例(四)：

還有一位專寫鬼故事小說題材的作家，在鼠年時，爆發『暴發運』，突然小說、鬼故事大賣，賺了版費三、四百萬，這在當時是還不算小的一筆數字，但沒過二年，錢財已空了，他非常遺憾的來問我原因。

因為他的暴發運是在子宮的『火貪格』，本命又是『貪狼坐命』在子宮，對宮有『火星、紫微』同宮。『貪狼坐命』的人本身就不會理財，花錢如流水，自然財流失得快，而且命格中有『火、鈴』在命、遷二宮時，是性子非常急躁、不穩定的人，他們這種耗財快，也和急躁、不穩定有關，是性急而耗財的。而且此人是三十歲左右逢『火運』而暴的，但還不是真正最大的那次暴發運機會，如果到了六、七十歲逢到人生最大一次暴發運機會時，將會有更大更多的財富，**所幸『貪狼居旺』坐命的人都很長壽**，一定能享受到財福的。

作家 命盤

僕役宮 天機 癸巳	遷移宮 紫微 甲午	僕役宮 鈴星 乙未	財帛宮 破軍 陀羅 地劫 丙申
官祿宮 七殺 壬辰	陰男 土五局		子女宮 祿存 丁酉
田宅宮 太陽化權 天梁 辛卯			夫妻宮 廉貞 天府 擎羊 戊戌
福德宮 武曲 天相 天空 庚寅	父母宮 天同 巨門化祿 文昌化忌 文曲 辛丑	命宮 貪狼 火星 庚子	兄弟宮 太陰 巳亥

致富達人招財術

致富達人的『暴發運』的大小會影響人生格局的層次，也會影響人生的起伏快慢，更會影響人做事成功與否，或生活在某種類型的生活圈中，所以那些人生中有奇異機遇和奇異生活經驗的人，都差不多是由於『暴發運格』的作用所造成的，所以我們不能小覷這個問題，更要想辨法控制你的『暴發運』爆發的方式和力道、導向，來得到你夢昧以求的人生結果。

第二章

如何瞭解『致富方法』與『招財術』所能產生的金額

❁❁❁❁

要先瞭解致富方法，以及先知道『暴發運』的本領，『招財術』才能發揮招大財的效用。

第二章　如何瞭解『致富方法』與『招財術』所能產生的金額

『如何估算致富達人的財富』，是大家最關心的事情。『我到底能發多大的財？』『到底我所擁有財富的底線在那裡？是幾位數字？』這些都是一般人最想要知道的事情。

我以前出過一本書，書名『你一輩子有多少財』是勸勉人們努力奮發來得到人生中的大財，以及愛物惜物，以尊重生命為主題的一本書。每個人都很想知道自己到底一輩子能賺多少財？能享受多少財？所以這本書賣得很好。

現在我們要來講一下我們一生到底能得到多少財富。其實這個問題十分複雜、繁複，也不是三言兩語能講得清楚的。當然在計算上也無法太精細、俱無靡疑。

我們要估計自己一生有多少財，通常從八字上來估算。以日主為一個中心點，因為日主代表『我』這個人。而以月支代表『人周圍的環境』。倘若月支是日主的『財』，你就是生活在富裕的人，因此你就會很富有。但仍有個前題，就是四柱支上不能有沖剋的字，沖去這個財，否則仍是富屋窮人。

例如：命中帶財多的人如下：

日主甲木的人，生在辰月、寅月、午月、戌月。

日主乙木的人，生在辰月。

日主丙火的人，生在申月、酉月。

日主丁火的人，生在酉月。

日主戊土的人，生在申月、子月。

日主己土的人，生在子月。

日主庚金的人，生在寅月、亥月。

日主辛金的人，生在寅月、卯月。

日主壬水的人，生在巳月、午月。

日主癸水的人，生在巳月、午月。

以上這些日主命格的人，其出生月份中就帶財，只要四柱支上無沖剋，也會一生中過生活較富裕一些。這就是八字帶財多了。

一定要原本八字命裡帶財多，再有暴發運，才能發大財、享受大財富。本命八字財少的人，有暴發運暴發，亦會財來財去，暴起暴落，人生如夢。

例如：

庚寅
乙酉
日主　丁巳
辛丑

此八字是財多的。日主『丁火』的財是庚、辛金，

其人生月就是財月，支上『丑巳酉又會財局』，年干、時干上也都是財，遍地是財，故也暴發運大，爆發起來有數十億、上百億的財富。從紫微命盤中你也看到他的『武貪格』是帶有居廟的『武曲化權』，氣勢很強的暴發運格了。

例如：

戊申
甲子
日主 己卯
甲子

這一位仁兄，也是具備有『暴發運』格的人，但八字中，日主『己卯』為休囚失氣貧脊多石之土，沒有養分，是無法生長植物的土。在天干上有二甲爭合，但支上『子申會水局』，又有『子卯相刑』。此命格在八字中用語是：『勾陳全備潤下』的命格，主奔波、飄流、財不多、易貧困。

表面看起來，『己土』的財是壬癸水，而支上有癸水，『子中又會水局』，成財局。但『己土』生子月，水多土蕩，干上『甲己相合不化』，支上『子卯相刑』，也沖去財局。這種『勾陳全備潤下』的格局，不止是貧苦奔波，還有眼疾和惡瘡膿血之症，這些問題尤其會發生在辰戌丑未等土運和五行屬土的流年之中。

因此此人的『暴發運格』中雖有『武曲、貪狼化祿』能給他帶來的財也不多，能爆發的錢財也不多，而且還需要工作奔波才稍多有一點錢財。其人也會野心不大，有點錢財可滋潤一下就滿足了。所以這個人的『暴發運』大概最多也只在幾十萬元之譜。

所以八字有別，『暴發運』所能帶來的財富就差距十分巨大了。紫微斗數命盤上的『財』是『較粗淺的財』，『真正的財』在『八字』中才能測得準。

人如果要確實測量估計算自己一生的財富或預測『暴發運格』所能爆發的財富，就一定要從八字來全盤解釋，才能做一個準確性的預測，因為還有許多外格，或特殊格局是帶財與不帶財的，要細分清楚才行。現在坊間有些人以農民曆上『稱命格幾兩重』的方式來自以為『有財』，但實際上，有很多自稱八字重的人，命中的財並不多。這些人只是比較不易『見鬼』而已。倘若還要說自己有『陰陽眼』遇到過鬼，那就是鬼打架，自己就是鬼了。

在八字中，『財』在『年柱』上，是祖上有財，也是你小時有財，還過得好。**『財』在『月柱』上**，是父母有財，生活環境上有財。尤其財在月支上，這是最好的富裕環境，二十幾至四十歲之間就會有財。**『財』在『日柱』上**，是自己及配偶有財，有妻財，婚姻較美滿，能同心協力。你也會在四十至六十歲時生活舒適、運好。**『財』在『時柱』上**，是子女有財，或自己靠才華得財，在六十幾至八十歲之間有財，此為走老運。

以八字來看致富達人的暴發運

在八字四柱中，以『日主』為主，看和四柱干支含用的關係中，有兩個以上的偏財的，才會在紫微命盤上顯示出有『暴發運』格（如『武貪格』和『火貪格』、『鈴貪格』）如果只有一個『偏財』的，就不會顯示出有『暴發運格』，因為『偏財』不強的關係，也就不一定有『偏財』可爆發了。

八字偏財檢查表

日主甲木的『偏財』是『戊土』。

日主乙木的『偏財』是『己土』。
日主丙火的『偏財』是『庚金』。
日主丁火的『偏財』是『辛金』。
日主戊土的『偏財』是『壬水』。
日主己土的『偏財』是『癸水』。
日主庚金的『偏財』是『甲木』。
日主辛金的『偏財』是『乙木』。
日主壬水的『偏財』是『丙火』。
日主癸水的『偏財』是『丁火』。

倘若一個人的八字中含用有二個至四個『偏財』的人，一生受『暴發運格』的影響很深，其人的財富也是由『暴發運格』所帶來的。但必需要無沖剋到『偏財』才行。

例如前者日主『己卯』的八字中，其中有兩個『偏財』，都在子中癸水上，但『子卯相刑』，沖剋到『偏財』，所以人生起伏多和大，奔波勞碌、享受不到暴發運的財富。有時也會不發，令人扼腕。

『**八字』中雖只有少少的八個字**，但延伸出來的意義非常多，如果不是對八字命理很瞭解的人，最好不要隨便的來估量自己命中的財富，因為有些意思會是相反的格局，就像前面『子中癸水』為『財局』，但對『己土』是不好的格局，結果還是財不多。你若給自己估量的財，老是賺不進來，你就會知道你命格中實際沒那麼多財了。也會知道是自己八字看不準了。

第三章

如何成為『致富達人』

『致富達人』首先要學會理財、經營，也要會控制『暴發運』及『暴起暴落』的問題，才能長久擁有致富之樂。

第三章　如何成為『致富達人』

在我們都知道了在某些人的人生中，能得到『暴發運』，是其人之人生中必會擁有的經驗與過程。也是其人故事曲折又戲劇化的擁有財富的過程。

所以，有許多相同有『暴發運格』人生的人是如此在人生上造成起伏上下落差很大的人生，這就不是異常、反常，而是一種常態了！

致富達人招財術

既然如此，我們就來談談：如何成為『致富達人』來理財好了！

先講我們要如何成為『致富達人』來理財好了，因為很多人原本不知道自己是有『暴發運』的，往往時間點到了，就順其自然的暴發了，得到一些自己一生都沒想到能擁有的大財富，自己突然踐起來了，以為自己天生異稟，和別人不同，於是揮霍、亂搞、亂投資，還以為自此便擠入富人世界，錢永遠都花不完了。沒兩、三年便又打入原形，繼續過窮困日子，再繼續等待暴發運、偏財運。

因為有的人，較大的『暴發運』一生只有一次，所

致富達人招財術

以不好好掌握、經營的話，根本是沒辦法享受稍長一點的富裕生活的，而且這種小門小戶的『暴發運格』在整個『暴發運格』系列中是佔有百分之八十左右的人數的。所以我們常看到有些人中了樂透大獎，一下子擁有上億元，但沒兩、三年又窮困回去了，就是這個原因了。

理財是『致富』的基礎，財理好了，富就到了，財富才會齊至。所以理財是『致富』的關鍵，不會理財的人，是難以為富的，也不會富太久的。

如何為『暴發運』來理財呢？

分為好幾個方面：

1 從技巧上來說：可分為三個步驟階段

第一階段：是經營『暴發運』。

第二階段：是掌握『暴發運』。

第三階段：是劃分『暴發運』錢財之用途。

2 從感情方面來理財：必須學會將感情和金錢做合理的分配與處置。

3 從泛社會化方面來理財：必須先學會對環境的控制。

你一定會想：哇！有了『暴發運』，中了樂透，有了大錢，什麼都好了，想要什麼都有了，為什麼這麼麻煩呢？還要理財，幹什麼呢？

你會這麼想，就表示你還沒得到過『暴發運』所爆發來的錢財，你也很可能還沒有真正有錢過，所以才會說這種話。倘若曾經爆發過『暴發運』的人，或曾經有過大財富的，而現今又失去的人，現在一定會痛定思痛，後悔莫及，想要挽回財富或是正虎視眈眈的等待著另一次爆發的機會。

所以要在還沒爆發之前，就要預先做好準備，以免重蹈覆轍，再失去財富。

凡事有陰陽兩面，正面或反面，『暴發運』的正面會帶給人巨額的金錢，或人生之大成就、大名聲。也會把人生推至最高峰。**但『暴發運』也有千篇一律的魔咒，就是『暴起暴落』。**一個人突然發了，但沒隔兩、三年又突然回到原點，或更窮困。這是什麼樣的戲劇化效果呢？

凡是有『暴發運』的人大多有此經驗，爆發後兩、三年便開始走下坡了，再怎麼力挽狂瀾也無法救得回來。

因此大家把此種『暴起暴落』現象看做是一個異象，倒不如將之歸類常態化，而加以管理較好。

況且，我們對於『暴發運』的理財方面，不但首重於經營，使利益增大，自然也要控制風險，使損害降低，這才能真正達到有效的對『暴發運』來理財。

對你有影響的

身宮、命主、身主

在紫微命理的學理中，命盤上每一個宮位、星曜、星主、宮主都是十分重要的。
其中，身宮、命主和身主，代表人的元神、精神，是人靈魂方面的內涵。
一般我們算命，多半算太陽宮位，是最起碼的算命方式。像身宮是太陰所管轄的宮位，我們要看人的內在靈魂，想看此人的前世今生，就不能忽略這些代表人內在靈魂的『身宮、命主、身主』了！

星曜特質系列書包括：『殺、破、狼』上下冊、『羊陀火鈴』、『十干化忌』、『權、祿、科』、『天空、地劫』、『昌曲左右』、『紫、廉、武』、『府相同梁』上下冊、『日月機巨』、『身宮、命主、身主』。此套書是法雲居士對學習紫微斗數者常忽略或弄不清星曜特質，常對自己的命格有過高的期望或過於看輕的解釋，這兩種現象都是不好的算命方式。因此以這套書來提供大家參考與印證。

第四章

致富達人的『招財術』是什麼？

❋❋❋❋❋

『致富達人』所擁有的『招財術』，就是會預估『暴發日』，更能經營及運用此等『招財術』。

第四章　致富達人的『招財術』是什麼？

要經營致富達人的『招財術』，自然要首先瞭解自己到底有沒有『暴發運』，其次再搞清楚在何時會爆發，以及『暴發運』的級數，以及能爆發多少錢財等問題，這些都是要爆發致富財運的條件之一。

因此，首先到電腦網站上去找可印出命盤的網站，輸入你的生日，列印出自己的命盤，先觀看在『貪狼』的『同宮』與『對宮』，是否有『武曲』、『火星』、『鈴星』，即能知道自己是否有『暴發運』。（金星出版社網站有提供印出命盤的服務，可上網去印自己的命盤）

要經營致富達人的『招財術』，『經營』二字就有能『掌握』，又能使其『增多』的意思。

第一節　如何預知『招財術』帶來之財富

『貪狼』是好運星，是故『暴發運』必和『貪狼星』有關。『貪狼』在辰宮或戌宮出現對宮有『武曲』相照的是『辰戌武貪格』。

如果再有『火、鈴』和『貪狼』同宮，再加上原本『貪狼』和對宮形成的『武貪格』，故是『雙重暴發運格』，會爆發十分巨大之暴發運，此是『武火貪』或『武鈴貪』的『雙重暴發格』，或稱『雙偏財運格』。

但是如果『火星』或『鈴星』是和『武曲』同宮，

而『貪狼』在對宮的格局，雖也有『暴發運』，但『火、鈴』會刑『武曲』之財，故『暴發運』會只有另一邊較大，而『火、鈴』和『武曲』同宮的流年或大運中，不一定會發。

另一種『武貪格』，就是在丑宮或未宮的『丑未武貪格』，亦會在丑或未年爆發，這是『紫微在巳』及『紫微在亥』兩個命盤格式所擁有的『暴發運格』。除了壬年生人有『武曲化忌』，或癸年生人有『貪狼化忌』，以及『天空、地劫』來同宮之外，都會有很強的『暴發運』。

『武貪格』之『暴發運格』，必是在辰、戌、丑、未四個宮位所形成的，而『火貪格』或『鈴貪格』必會出現在子、午、卯、酉和寅、申、巳、亥等八個宮位之中。

有『雙重暴發運格』或『雙重偏財運格』時，也是只會在辰、戌、丑、未四個宮位才會出現的。

（如何研究『暴發運格』的形式，請看法雲居士所著《如何算出你的偏財運》、《驚爆偏財運》二書）

確定自己有『暴發運』之後，就可算出『暴發運』在何時會爆發。用推算大運、流年、流月、流日的方法來計算，便可準備的推算出來在某年、某月、某日，甚至於某時會有『暴發運』了！

（欲推算流月、流日的方法，請看法雲居士所著《如

何推算大運、流年、流月》上、下冊）

推算『暴發運』爆發的時間，也是經營『暴發運』的方略之一。在我們知道自己的『暴發運』格是『武貪格』或『火貪格』或『鈴貪格』時，實際上爆發時間已有限制，也只會在『暴發運』格所屬的宮位所代表的年份以及『流月、流日、流時』來爆發。

例如『暴發運』格是『辰戌武貪格』的人，就只會在辰年（龍年）、戌年（狗年）來爆發。有『丑未武貪格』的人，也只會在丑年或未年爆發『暴發運』。

致富達人招財術

『火貪格』及『鈴貪格』格局

『子午火貪格』或『子午鈴貪格』

倘若你命盤上的『貪狼』和『火星』、『鈴星』在子宮和午宮同宮或相照的，就有『火貪格』、『鈴貪格』，你會在子年或午年爆發『暴發運』。

『寅申火貪格』或『寅申鈴貪格』

倘若你的命盤上的『貪狼』和『火星』、『鈴星』在

寅宮或申宮同宮或相照的，就有『火貪格』或『鈴貪格』了。你會在寅年（虎年）、申年（猴年）爆發『暴發運』。

『卯酉火貪格』或『卯酉鈴貪格』

倘若你的命盤上的『貪狼』和『火星』、『鈴星』在卯宮或酉宮同宮或相照，就有『火貪格』、『鈴貪格』了。你會在卯年（兔年）或酉年（雞年）爆發『暴發運』。

『巳亥火貪格』或『巳亥鈴貪格』

倘若你的命盤上的『貪狼』和『火星』、『鈴星』在巳宮或亥宮同宮或相照，就有『火貪格』或『鈴貪格』之『暴發運』格了。你會在巳年或亥年爆發『暴發運』。

知道會爆發『年份』的下一步，就是要知道在其年『何月』及『何日』爆發。

『爆發月份』如何算出

先算出該年『流月』的一月，再由一月所在的宮位數到爆發宮位，就知道至幾月爆發。

算該年『流月』的方法：

如果要算龍年的流月，就從辰宮開始，以自己或要算者之生月逆數幾個宮位。接著再用生時順數回來，所落之宮位，便是該年之一月，再由一月順數至暴發宮位，便知道幾月會爆發了。

例如：

下列命盤的人，在龍年有『暴發運』，要看在幾月爆發，就用其人生月八月從辰宮逆數（逆時針方向數）八個宮位至酉宮，再由酉宮順時針方向數『生時』。此人因為是『子時』所生的人，故仍落在『酉宮』。此為『辰年一月』。故一月在酉宮，二月在戌宮，三月在亥宮………

一月在酉宮為暴發運會爆發的月份。

此命盤中，在卯宮的七月也會稍有『暴發運』，因其在酉宮的對宮。為『暴發運』格所相照的宮位，但力量很弱，爆發力會不強。

財帛宮 武曲 破軍 巳	子女宮 太陽化權 午	夫妻宮 天府 未	兄弟宮 天機 太陰 陀羅 申
疾厄宮 天同 文曲化科 辰	八月子時生 陰男 火六局		命宮 紫微 貪狼 祿存 火星 一月 <身宮> 酉
遷移宮 右弼 卯			父母宮 巨門化祿 文昌化忌 擎羊 鈴星 二月 戌
僕役宮 寅	官祿宮 廉貞 七殺 丑	田宅宮 天梁 子	福德宮 天相 地劫 天空 三月 亥

爆發日

就是爆發月份的初一、十三、二十五這三天最強。

倘若你的『暴發運』格是相照的，如『武曲』和『貪狼』相照，或『貪狼』和『火星』相照，或『貪狼』和『鈴星』相照，分別在兩個宮位相對照，則『爆發日』還有初七、十九兩日，也會有『暴發運』。『爆發月』也會一年有兩個月。

爆發時辰

『爆發時辰』就更好看了。**你的『暴發運』格是**

『辰戌武貪格』或『辰戌武火貪格』，『暴發時辰』就在辰時和戌時。

『子午火貪格』或『子午鈴貪格』之爆發時間在子時及午時。

『丑未武貪格』或『丑未武火貪格』或『丑未武鈴貪格』之爆發時間在丑時和未時。

『寅申火貪格』或『寅申鈴貪格』之爆發時間在寅時及申時。

『卯酉火貪格』或『卯酉鈴貪格』之爆發時間在卯時和酉時。

『辰戌武貪格』或『辰戌武火貪格』或『辰戌武鈴

貪格』之爆發時間在辰時、戌時。

『巳亥火貪格』或『巳亥鈴貪格』之爆發時間在巳時或亥時。

爆發『暴發運』的年、月、日、時，我們知道了以後，便要更進一步的知道自己人生中最大一次的『暴發運』在何時了。

人生中最大一次『暴發運』時間，是從大運中找出來的

『大運、流年、流月』三重逢合在『暴發運』格上

的那個時間，便是一生中最大一次『暴發運』的時間了。

倘若要更精準一點，算到『流日』，合起來『大運、年、月、日』都逢到『暴發運』格，會是更好！但是，有些人會準，有些人會因出生月份是上半年或下半年的關係，有早發或晚發，亦可能不發的問題，這必須要注意，故只要用『大運、流年、流月』來算就好了。

在我們得知自己的『暴發運』將在未來的大運中出現時，就要好好準備以來迎接這個帶給人生大成就的『暴發運』，這些準備都是屬於經營『暴發運』的法寶之一。

如果你算到屬於自己人生中最大一次『暴發運』已經過去了，十分唉嘆，但不要緊！在你的人生中還有許多小的『暴發運』機會在等著你，也會為你的生活帶來新鮮感和旺運。

我的美髮師和我相處多年，但在剛認識的前兩年，都向我表示她是不相信『命運』這回事的，看起來很鐵齒。自然我也從不在她面前談算命的事，但是在第三年的時候，有一天突然拿她兒子和她自己的命盤給我看，希望能指點迷津，我問她『為何又相信命運了呢？』她覺得十分尷尬。

我從她的命盤上發現，在她四十三歲逢羊年時，有平生最大一次『暴發運』機會，現今已四十五歲，可見已發過了。就問她羊年如何？她回想一下，說那年財運不錯，稍賺了一點錢，但也不是什麼大錢！而且因為賺了錢，一年中休息了七、八個月去旅遊，沒用心工作。可見『暴發運』並未怎麼爆發，十分可惜。

她的暴發運在未宮是『武曲化祿、貪狼化權、擎羊』，雖有一點刑剋，但仍是十分強有力的『暴發運』了。而且『武貪格』一定要工作，爆發力才會強，沒有工作就很難看得到爆發。

事隔一星期，當我再去美容院找這位美髮師整理頭髮時，我突然看到她面形憔悴、精神萎靡、又黑又瘦了一圈，真是嚇了一跳，趕緊問她，發生了何事。

她說自從我告訴她，她的一生中最大的『暴發運』已過了之後，整整一個星期睡不著覺，也吃不下東西，十分懊惱。

我勸她不必這樣！雖然忽略了『暴發運』，但也表示她自己是以正財（工作所得之財）為重的。只要努力工作，仍會有財可賺的。況且每年還有兩個月有小偏財，可好好掌握，亦能有所獲。

通常，有『暴發運』的人，從小自己便知道有此種好運會在自己身上發生，不必別人教，自己也能感覺到。像前者，絲毫沒感覺到的人，其實不多，也會有。

亦有人知道自己有『暴發運』而不用的，這是要集中火力，將其完全發在事業上，要創造更高檔的人生而用的。

神經太大條，或太鐵齒的人，往往會錯過『暴發運』。另外在『**暴發運』爆發時間中會太忙，而也失去爆發機會**。

前面這位美髮師，雖失去了平生最大一次『暴發運』機會，但每逢羊年仍有『暴發運』，而且每年中逢丑、未宮的流月，仍有二個月的『暴發運』時間，可運用。這位美髮師的『暴發運』格在未宮，是下午一時至三時前的時間，常常正是忙碌的時刻，因此多次失去簽樂透彩的機會，哀怨不已。

其實，這就是人命了！有些人在命格中就可看出是可掌握『暴發運』的，有些人常無法掌握自己的『暴發運』，而任由其浪費，在八字命格中，有一種『遇而不遇』的命格即是如此了。就是說：明明有好機會、好運氣，但其人也會有其他事或其他藉口而錯過了，以致終身抱憾。

要經營『暴發運』，首先就要瞭解它、抓住它，並要在時間還未到來之做一些準備工作，好來抑接此旺運。

第二節 『致富達人』會連小型『招財術』也不放過

我們都知道，通常有『暴發運』的人，一生有一次最大的『暴發運』。但有的人一生有兩次最大『暴發運』，要看情形。倘若『暴發運』格在『命、遷』二宮的話，一生就會有兩次最大『暴發運』機會了。

一生中最大一次『暴發運』機會，是人生最高旺運，自然在人生中是不會『常常』碰到的。

你所常經歷的『暴發運』都是月、日或年所形成的小的『暴發運』。流年的『暴發運』已很大了，可以好好來發揮運用。

致富達人招財術

要用致富達人的『招財術』來賺外快的方式很多

①可在有『暴發運』的流月中買一股票賺取差額，平常你在不帶財的流月中購買股票，容易被套牢，故最好選『暴發運流月』時間操作買賣，才會有所獲，其他的時間休兵不動，這樣才能控制損失，也都是淨贏的結果，也能賺較多的錢。

現在又有購買選擇權的金融操作，如果能選『暴發運』的『月、日、時』等條件去購買或賣出，也是能創造收入的方式，不過你必須要十分熟悉這種操作賺錢的方式才行。

②在『暴發運』的年、月、日、時上，通常都財運好、機會多、賺錢容易，故適合賺錢，不要等到窮的時候，就很辛苦又賺不到什麼錢了，所以當此時有好的工作機會，要好好把握住。

如果要買樂透彩來中獎的人，也要隨時記得自己的『暴發運』時間，在『暴發運』時間中購買，才易中獎。

例一：

在香港有一位讀者來信告訴我，自從看了我的書，會算『暴發運』時間後，對他幫助很大。

剛好香港有住屋登記，她就用『暴發運時間』去排隊抽籤，結果抽中了，再轉手一賣，賺了十來萬的收入，十分興奮。

香港讀者的命盤

財帛宮 太陽化權 文曲化科 癸巳	子女宮 破軍 甲午	夫妻宮 天機 乙未	兄弟宮 紫微 天府 陀羅 丙申
疾厄宮 武曲 壬辰	陰女	火六局	命　宮 太陰 祿存 文昌化忌 丁酉
遷移宮 天同 辛卯			父母宮 貪狼 擎羊 火星 戊戌
僕役宮 七殺 右弼 庚寅	官祿宮 天梁 辛丑	田宅宮 廉貞 天相 左輔 庚子	福德宮 巨門化祿 鈴星 己亥

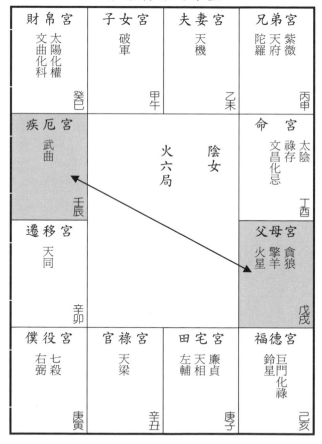

致富達人招財術

例二：

有一位先生是國際性的職業賭客，自然他也專心研究『暴發運』囉！他曾經用各式各樣的方法研究『暴發運』。

但是他告訴我說：『老師！還是你所說的『暴發運格』最有效！最準！』**他多次用自己的『暴發運』時間到美國賭城拉斯維加斯去豪賭，**賺了賭場不少錢，現今已是賭場不受歡迎的賭客了。

而且，他說，他也常鬧窮，憋在家裡，但時候到了便出門，先到附近的小賭場牛刀小試，就有出國的飛機票了，再到外國賭場去海撈一筆。

職業賭客的命盤

兄弟宮 巨門 乙巳	命宮 廉貞 天相 鈴星 丙午	父母宮 天梁化祿 文昌 文曲 丁未	福德宮 七殺 天空 天姚 戊申
夫妻宮 貪狼 火星 甲辰	陽男 水二局		田宅宮 天同 己酉
子女宮 太陰 右弼 癸卯			官祿宮 武曲化忌 陀羅 庚戌
財帛宮 紫微化權 天府 地劫 壬寅	疾厄宮 天機 癸丑	遷移宮 破軍 擎羊 壬子	僕役宮 太陽 祿存 左輔化科 辛亥

以前，他是靠自己的第六感來感覺『暴發運』是否近了，有時也會失誤，或太自信而失敗，自從學了我這套算『暴發運』的方法後，便可更正確、更有信心的贏錢了。

例三：

學校裡有一位女老師，假日傍晚和先生吃過飯一起散步，看到社區中庭裡很熱鬧，知道要有晚會可欣賞了，據說還有摸彩節目，獎品還不少，於是就留下來看節目，節目中間時就開始抽獎，抽到第五個獎時，這位女老師就中了大獎電視一台，夫妻倆十分興奮，不會兒便搬著電視機回家了。

過了一會兒時間，發覺外面仍在熱鬧，還沒散會，於是女老師又拿著老公的那張摸彩券到社區中庭會場來看表演，又過了一會兒，整晚的節目就都要結束了，於是做壓軸好戲的大摸彩，結果這位女老師又中了一台洗衣機。把大會的兩個大獎都抱走了。

連女老師自己也不能相信會有這等好運！她把這件事拿來問我，自然這就是『暴發運』的關係了。只要把命盤印出來就可一目瞭然了。

果然！在她的命盤中有『武曲化祿、貪狼化權』的強勢『暴發運』格。很可惜她以前都不知道有此『暴發運』格，也不會運用，否則也能造就她更高的成就。

女老師 命盤

田宅宮 太陽 陀羅 己巳	官祿宮 破軍 文昌 祿存 庚午	僕役宮 天機 擎羊 火星 天空 辛未	遷移宮 紫微 天府 文曲化忌 壬申
福德宮 武曲化祿 戊辰	陰女 火六局		疾厄宮 太陰 癸酉
父母宮 天同 地劫 丁卯			財帛宮 貪狼化權 甲戌
命宮 七殺 鈴星 丙寅	兄弟宮 天梁化科 丁丑	夫妻宮 廉貞 天相 丙子	子女宮 巨門 乙亥

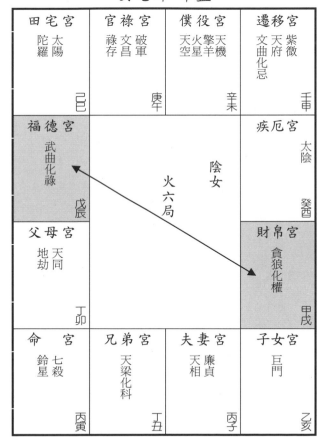

致富達人招財術

不過，後來她聽從我的勸告，好好規劃了一下在有『暴發運』的時機買了房子又轉賣，賺了一筆錢，十分興奮。現今她已有好幾棟房子做老本，生活很愜意了。

例四：

有一位在區公所工作的先生，生活穩定，升遷機會不多，於是在閒暇之餘，開始蒐集中獎、抽獎活動的資訊。

幾年下來，全國所有的大小獎項，幾乎他都參與過了。有些連國外的抽獎活動他也會參加。

區公所先生的命盤

官祿宮 武曲 破軍 天空 地劫 癸巳	僕役宮 太陽化權 甲午	遷移宮 天府 乙未	疾厄宮 天機 太陰 陀羅 丙申
田宅宮 天同 文昌化忌 鈴星 壬辰	土五局	陰男	財帛宮 紫微 貪狼 火星 祿存 丁酉
福德宮 辛卯			子女宮 巨門化祿 擎羊 文曲化科 戊戌
父母宮 庚寅	命宮 廉貞 七殺 辛丑	兄弟宮 天梁 庚子	夫妻宮 天相 己亥

可是他心中始終有個疑問，跑來問我：『為什麼我參加了這麼多抽獎活動，中獎中的最大的，也不過是三、四獎，而始終拿不到頭獎呢？常常我算好了這次會穩中，但還是三、四獎，真是奇怪，這到底是什麼原因呢？』。

這位先生是『廉殺坐命』的人，他的『暴發運』格在財帛宮，是『紫貪、火星、祿存』的星曜組合。因為有『祿存』，有保守、小氣的限制，因此會暴發，但發不大，只有中等的爆發力，故很難拿到頭獎。

這位先生的家中堆滿了從各地抽獎來獎品，有時候他也賣一些，對家用很有貼補作用。這也是用『暴發運』來賺外快的方法之一。

例五：

有一位開幼稚園帶安親班的園長，嫁了一個外國人，夫妻倆一同在經營幼稚園，也一起教。剛開始有外籍老師教英文也確實吸引不少孩童來學習。

但是幼教環境競爭激烈，漸漸生意就不好了，夫妻倆之間也開始有磨擦和不愉快了。老公打算帶帶兩個孩子回美國老家去，但這位園長覺得就這麼輕易放棄很不甘心，於是來找我看看命，是否有辦法挽回幼稚園的命運，不要被賣掉。

這位園長是『貪狼坐命』辰宮的人，其夫妻宮是『紫府』，而其外籍夫婿也正是『紫府坐命』的人，很保守、內斂、穩重、小氣。『貪狼坐命』的人，比較外向、大方，兩個人是互補的。這兩個人都有『暴發運』，而且都是『辰戌武貪格』，會在辰年和戌年爆發。所以只要到辰年、戌年就會有大財可進了，而且兩人加起來，數目會很可觀。我問這位園長說：『你是不是常東跑西跑的，不在園內，事情都交給別人去做？』

她說：『對啊！我還要照顧小孩，還有很多事情要忙，所以有我姐姐在幫忙園內之事，我每天去看一下就好了！』

怪不得，經營不好呢！園長都不在，好運都不在，如何能進財。**因為『貪狼』是好運星，而且此人的遷移宮是『武曲』，代表外在環境中多財**，是富裕的環境，他走到那兒，那裡就自然而然的財多富裕。結果她都在東跑西跑的，財不留在自己的事業上，自然工作事業是不好的了。

這位小姐回想一下，有一年她在幼稚園裡幫忙招生，那一年招生的就特別好，就有賺到錢。她沒去幫忙招生，由她姐姐代理招生事宜，生意就差很多，差到現在幾乎做不下去了。

人不瞭解自己，有好命、好運也不會利用，反而把

自己搞得很衰，這是不是很可惜呢？還有招生對幼稚園事業來說，是何等大事呀！是幼稚園生存的命脈，居然放手不管，交由他人處理，自己卻忙些小事。而且貪狼坐命的人，做事都馬虎潦草，照顧小孩也照顧不好，她是能做個漂漂亮亮撐場面的園長，做些行政和交際應酬工作，不必親自去做教書匠，既搞得辛苦又沒好處。

她的先生是個性格保守的人，夫妻倆應該好好談談商量一下，否則先生回他的國家去，女方不願同去，就會有離婚危機了。紫府坐命的人是很愛錢的，只要有錢可賺，他也能通情理留下來了。

最重要的是：兩人需把握辰、戌年的『暴發運』暴發事宜，財富和名聲是指日可待的。況且在每年中他們每人都有兩個月的『爆發月』，可藉此『爆發月』多想一些新點子來招家長和學生，也利用這兩個『爆發月』來生財。兩個人共同努力，加起來就有四個月的爆發月可運用了，幼稚園的生意豈會不好呢？

她聽了我的話回去，才半年就轉虧為盈了，又打電話來道謝。

大的『暴發運』時間要利用，小的『暴發運』時間也要會利用，只要積少成多，奠定財富的基礎，自然富起來就很快了！

我常勸人不要隨便去買股票，算好了有『暴發運』

的日子和時辰，再去買彩券。錢財猶如子彈，是我們生活中的武器資源，是不可隨便浪費的。選有『暴發運』的時間去買、去投資，回收報酬率較大，亦可減少浪費資源。

沒有『暴發運』的人，就不要買股票、做期貨了，也少買彩券為好。在你命中的財屬於『正財』。所以規規矩矩的工作、讀書、過日子，規規矩矩的存錢，你會獲得更多、更穩當的財富。否則你只是替銀行員工創造他們的年終獎金而已，也並不會真的幫忙到慈善團體。

幼稚園長的命盤

父母宮 巨門化忌 陀羅 乙巳	福德宮 廉貞 天相 祿存 火星 丙午	田宅宮 天梁 擎羊 鈴星 丁未	官祿宮 七殺 地劫 戊申
命宮 貪狼 甲辰	火六局	陰女	僕役宮 天同化權 己酉
兄弟宮 太陰化祿 左輔 癸卯			遷移宮 武曲 <身> 庚戌
夫妻宮 紫微 天府 天空 壬寅	子女宮 天機化科 文昌 文曲 癸丑	財帛宮 破軍 壬子	疾厄宮 太陽 右弼 辛亥

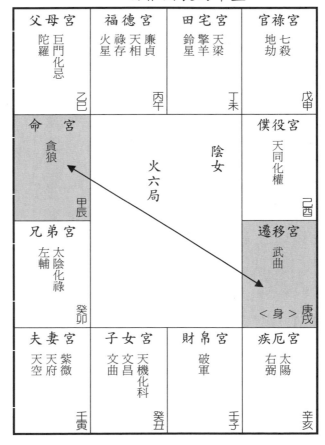

例六：

我有一位親戚是家庭主婦，其人常有一些小偏財，喜歡簽大家樂，有時贏、有時虧，但總是虧多於賺，十分懊惱。聽說我會算『暴發運』，但她只相信自己會算牌，並不相信算命能算到『暴發運』。有一天，摃龜真是摃大了，一下子有好幾十萬，怕先生責罵，一把眼淚，一把鼻涕的來找我想辦法，想再用『暴發運』來解決債務問題了。

其實我看了這位親戚的命盤，十分驚訝的發覺此人並無真正的『暴發運』。**而是財帛宮為『火星』居廟在酉**

宮，所以她常常會中些小獎的獎品，或有時簽大家樂、樂透彩會中些小獎。

這也是『火星』或『鈴星』在財帛宮獨坐的人的特殊賺錢方式，是有一票沒一票的賺錢，賺錢機會不很多，但一下子熱鬧時就賺一票，冷清時就無賺錢機會。以前每逢周二、周四的傍晚酉時，這位親戚就會到樓下空場上和鄰居聚集簽大家樂，其實是逢到『火星』的流月、流日、流時三重逢合時，就容易中，沒有逢到時，就容易損龜，但實際上會中的時間仍不多。

等我分析好這些狀況給她聽了之後，她還是不甘心的數說某年她買股票賺了多少、多少……。

在人命格中，『命、財、官』之中有『火星』、『鈴星』的人，都賭性堅強，性情急躁，也要看賭什麼事！**但『火星』、『鈴星』總是刑星，**是故工作不長久，容易沒工作，耗財仍是多於生財的。

尤其這位家庭主婦是『同巨坐命』的人，財帛宮是『火星』、官祿宮是『天機居平』、夫妻宮是『太陰化忌、地劫、天空』。表示內心空空，實際上沒什麼大腦，不會計算其人本命財少，因此根本也中不到大獎，實際上也不算真有『暴發運』。倘若好好過日子，像早先那樣，偶而做些手工、賺些外快已是不錯的了，根本不能再寄望以『暴發運』來翻身了。

此女士 命盤

官祿宮 天機化祿 42–52 乙巳	僕役宮 紫微化科 53–62 丙午	遷移宮 63–72 丁未	疾厄宮 破軍 天刑 戊申
田宅宮 七殺 擎羊 陰煞 文曲 33–42 甲辰			財帛宮 火星 己酉
福德宮 太陽 天梁化權 左輔 祿存 23–32 癸卯			子女宮 廉貞 天府 鈴星 文昌 庚戌
父母宮 武曲 天相 陀羅 13–22 壬寅	命宮 天同 巨門 3–12 癸丑	兄弟宮 貪狼 天姚 壬子	夫妻宮 太陰化忌 地劫 天空 天馬 右弼 辛亥

第三節　『致富達人』如何用『小型招財術』升官發財

『暴發運』是一個旺運，同時也是『致富達人』的招財術法寶。當人處在『暴發運』的時間點上，同時就是站在一個突出的、高出其他一切的旺運時間點上。因此這個時間點也必是奮發圖強、大有作為、出人頭地的一個時間點了。倘若你能預作準備，也算好了要爆發的時間、升官、升職、加薪、發財或考試上榜，就是指日

致富達人招財術

可待、手到擒來的美事了。

通常，大的『爆發日』可發大財、升大官、高位。小的『暴發運日』可讓你獲得上司青睞、嘉獎、升遷順利，或獲得公司獎金，或得到同事的讚許。

因此，嚴格的說，『爆發日』就是『上進日』。學生們遇到『爆發日』，也會學業進步，學習能力強，有超出意外的表現，亦可能考試優等，令人刮目相看。

例一：

有一位在稅捐處工作的先生，時常抱怨升官、升職輪不到他。他跟我說：『這次呀！你要幫我升級了，我就

致富達人招財術

尊你是神仙了！』我說：『你不必尊我是神仙，你自己就可當自己的神仙了！』他睜大眼睛看我。

這位先生非常愛打麻將，中午以後常藉故外出訪談，而上了麻將桌，又常是通宵在賭，同事們都有微詞。

原來這位先生在命盤中有『武火貪格加擎羊、天空』在未宮，於是到了下午一點左右就按捺不住，想去試手氣了。

我告訴他，你只要在未時待在工作崗位上多坐一段時間，你自然就會有升遷機會了。

他說：『在那要待多久呢？』

『至少要三個月！看你的耐力如何了！』

他猶豫了一會兒，他說：『這次實在機會很好！』

『那就努力試看看了！』

這位朋友的『武火貪格』加『擎羊、天空』的『暴發運』格是個十分古怪的格局，表面上看起來又有『暴發運』，但實際上會做一些跟『暴發運』有關（去賭博、打麻將），又無法確實抓到財的事情。聽說他在這個時間打牌時也是古怪，在同一個時辰內，有時是一開始就大贏，而後又輸光。有時候一開始大輸，而後又小贏回來。

但是在『未時』進入『申時』的時候，一定是前面一個大起伏，而後還輸一點，是賭來賭去一場空。但他不信邪，還自認牌技不錯，堅持要贏回來。

我跟他說：『除非別人放水，否則你是一場空的。倒不如在工作上好好加油吧！』那一次論命又測得丙年有災，勸他要本份一點。

這位仁兄在當時很聽進去了，果然忍耐了二、三個月沒打牌，也好好上班，工作有了表現，也升了級、加了薪，風光了一下。但是雞年初，聽說聚賭被警察抓到，被迫離職了。

所以用『爆發日』或『爆發月份』來鎖定升官、發財的事是能確定的，但是不能做鬼怪、不正當的方式來升官、發財，否則也是一場空。

例二：

有一對夫婦來找我，說：『要看看兩人是否會離婚？』我心裡好笑，心想這兩個人一定是有事情無法解決，用離婚來吵著玩的！等我看到他們倆個的命盤時，便一目瞭然是價值觀的不同所形成的了。

這位仁兄是『貪狼、天空』坐命辰宮的人，對宮是『武曲』，『武貪格』是破格不發。他常常提出一些做生意的好點子，朋友拿去做都大賺，但自己投資便失敗、虧錢，讓妻子生氣。而且這位先生常借錢給朋友、兄弟，都是肉包子打狗有去無回。之前正因為和友人在大陸投資，血本無歸，被別人坑了，而引爆這次離婚事件。其實要離婚也不止一次了，他們倆人都是接近四十歲才遇到而結婚的，目前育有一個二歲多的小女兒。

這位太太是『紫相坐命』的人，很會理財，財帛宮是『武府』，自然也精明幹練。其娘家父親是做房地產買賣，兼做丙種金主貸款。她在娘家幫忙，有時也將自己的資產也加入做放高利貸的行業，因此很會賺錢。

這一家三口是個很有趣的組合，太太是很會精打細算的人，先生是對錢財不太在乎的人，**女兒也有『暴發運』，是『武貪格』的正格**，太太沒有『暴發運』。

致富達人招財術

先生被太太一直數落，心情很懊喪、喃喃而語說：

『真的是要離婚也沒辦法了！』

我覺得這件事沒那麼嚴重，兩人都等到那麼老才找到彼此，男子長得很體面，女子很精明，也算天作之合，現在只是因為錢的問題而鬧得不愉快，是得不償失的。

這主要是人的工作義務沒分配好。男子有大男人主義，堅持要投資做自己的事業，但又沒能力和心力來管，故總是虎頭蛇尾而失敗。

所以，以後請先生提供很好的生意構想，讓妻子去執行（妻子是執行能力很強的人，又會算帳），先生只要

致富達人招財術

當掛名的董事長就好了。他只提供構想、企劃就不得了了。先生在外的投資放款，交由妻子去要錢回來，妻子很會要錢，找到好時間去要，而且別人一定會還。這樣問題就不大了。

他們倆都非常愛自己的小女兒，如今是為了她才沒分手，小女兒的『暴發運』很好。我建議他們，以後由爸爸提供號碼，而由小女兒來選出、指出來，再帶小女兒親自去簽樂透，一定會中的。夫妻倆聽了都很高興，準備回去就要一家三口來玩此遊戲了。

她們來找我已是前年的事，後來聽說他們中過五星，真是可喜可賀！

致富達人招財術

俗語說：『不是一家人，不進一家門。』姻緣是天注定的，也是天配好的，妻子太會算計，就配一個幻想多、毫無金錢概念的先生來綜合一下，再配一個可愛的小女兒做調合劑。

所以我勸那些因為金錢糾葛或嫌配偶不會賺錢而要離婚的人，應該平心靜氣的來觀察一下，你們夫妻的位置是否站對了地方。通常具有互補作用的關係才會更緊密一些的。

致富達人招財術
吉人天相保平安

第五章

如何從人生低潮反敗為勝的『招財術』

✽✽✽✽✽

要先瞭解『反敗為勝』的問題，再把『招財術』納入你生命中必然的經歷，你就會成為『致富達人』！

第五章 如何從人生低潮反敗為勝的『招財術』

『致富達人』的人生低潮之魔咒就是『暴起暴落』。

就是因為『暴發運』有了這個魔咒，才會使它更迷人。很多人落入魔咒的迷陣而不能自拔。

『暴起暴落』這個魔咒是如何產生的呢？這跟運程有關，也跟命理格局有關，更和命盤格式有關，是環環相扣的，自然，『暴起暴落』的速度會和你的個性有更直接的關連了。性急的人，暴躁的人，沒有理財觀念的人，會『暴起暴落』的更迅速直接一些。

真要想能抵制或解除『暴發運』的魔咒——『暴起暴落』，必須先瞭解『暴起暴落』的結構問題，才能真正的防微杜漸、成功的防堵住『暴起暴落』的漏洞，也才能真正的留存及保有我們因『暴發運』而得來的財富。

暴發運的財富並不像一般人所認為的那樣是『不勞而獲』的財富。有些也是辛苦努力經營、付出很多勞力、血汗，只是在時間上碰上了『暴發運』的時間點，而事半功倍而發了。所以不論得到的是什麼樣的財富，但基本上仍有來的快、去得快的煩憂。因此仍是需要搞清楚財來財去的原因、結果，才能確實改善命運的腳步。

第一節　人生低潮時，更要做致富達人

人生在低潮的時候，實則更需要做『致富達人』，以解決『運程問題』和『暴起暴落』的問題。

『暴起暴落』的第一個原因是和運程有關的。但這也必需分成幾個方面來講：

1 『暴起暴落』和『殺、破、狼』格局有關

我們都知道在每個人的命運運程結構中，都有『殺、破、狼』格局在三合宮位上，三足鼎立著。這也表示每個人三年有一次較顯著或稍巨大一點的變化。這完全要看你的『殺、破、狼』格局是怎麼的形式而定，然後知道你每逢『殺、破、狼』運程時是大吉或大凶了。

例如某些人的『殺、破、狼』均在廟位，也沒有羊、陀、火、鈴、劫、空、化忌在內，因此每逢這個『殺、破、狼』運程（例如『紫微在申』命盤格式的『殺、破、狼』格局），就是加分的，份外吉利，有朝上

攀升高峰的人生經歷了。

例如某些人的『殺、破、狼』格局中，有些星是居平或居陷，或帶羊、陀、火、鈴、化忌、劫空的格局，自然這個『殺、破、狼』運程中，有些會好、有些則易讓人生跌入深淵，很難爬得上來。**有些則是『殺、破、狼』格局中，有『文昌、文曲』和『破軍』同宮或相照，形成『窮』的格局，**因此『殺、破、狼』格局也破了一角，在行運時，每逢於此，也會暴落。

再則，因為『暴發運』的好運必須建築在貪狼運上，由貪狼運遇武曲而有『武貪格』，『貪狼』遇『火星』或『鈴星』，而有『火貪格』或『鈴貪格』因此『貪狼運』是易暴起的運程，但如果有『羊、陀、劫空、化忌』，則為破格，不一定發，或慢發、不發了。

倘若你的『暴發運』格，在『貪狼運』中暴發，但『七殺運』和『破軍運』皆不佳，有其他的『羊、陀、火、鈴、劫、空、化忌』進入同宮，這樣你『暴起暴落』的速度就像坐雲霄飛車一樣是很快的。沒兩、三年錢就會搞空的。

『殺、破、狼』格局在人生中是代表其人的打拚能力和得到好運的機會，如果有『羊、陀、火、鈴、劫、空、化忌』這些刑星進入，就表示打拚能力和能得到的好運機會受到刑剋，因此一定會有某些方面的不努力和損失的。那『暴起暴落』的成因，就自然形成了。

2 『暴起暴落』和流年、流月有關

當我們看流年運程時，你會發覺在有『暴發運』的流年，『**貪狼**』年份的下一年，就是『**巨門運**』的流年，再下去是『**天相運**』的流年，再下去是『**天梁運**』的流年。所以，在有『暴發運』的流年爆發後，第二年就一定會遇到是非糾葛，要損財耗產了，在等到第三年，走『天相運』時，有的人會好，有的人則不一定。如『紫微在巳』及『紫微在亥』兩個命盤格式的人，『天相』是陷落的，逢之不吉，自然『暴落』的更快了。

3 『暴起暴落』和命盤格式有關

『十二個命盤格式』的基本形態是非常固定的，行運、流年、流月、流日也是遵循著這個『十二個命盤格式』在順時針方向而順行的。但每個命盤格式的組合皆不一樣，如果再加上『出生年』的『四化』，就會形成屬於你自己特殊形式的『殺、破、狼』格局，自然也會影響『暴起暴落』的速度了。

例如庚年生『紫微在巳』命盤格式的人，在丑年有『武曲化權、貪狼』是超強的『暴發運』格，會發大財。但在酉年就有『廉貞、破軍、擎羊』而大破了，暴落的狀況就很嚴重了！

又例如：丙年生有『暴發運』的『火貪格』在『紫微在酉』命盤格式的人，在酉年能爆發『暴發運』。戊年為『巨門陷落』，多是非災禍。丑年有『廉貞化忌、七殺』，也會暴落至谷底了，在巳年的『武破運』，也是窮運，因此以整個命運結構來說，好運、發財的年份只有一個，其他的年份都是力求多福的流年運氣，你說『暴落』的狀況怎會不發生呢？

致富達人招財術

十二個命盤格式與流年行運暴落圖

①『紫微在子』命盤格式

1.紫微在子

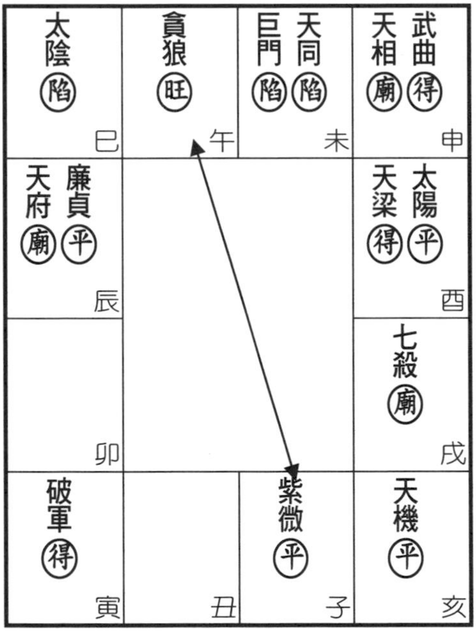

在『紫微在子』命盤格式中，如果有『火貪格』、『鈴貪格』在子、午宮，則子年或午年會爆發。**如果『子年』爆發的話**，下一年丑年就是『空宮運有同巨相照』的運氣，運氣就差了，有是非麻煩，到了寅年走『破軍運』時就暴落了。

如果是『午年』爆發的話，次年未年走『同巨運』也會招來是非災禍，申年走『武相運』，還緩和了一下，到酉年走夕陽西下的『陽梁運』，暴落的狀況會很明顯了。

②『紫微在丑』命盤格式

2.紫微在丑

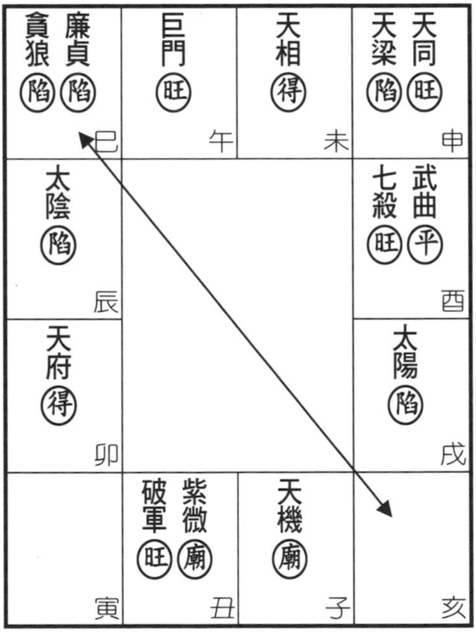

在『紫微在丑』命盤格式中，如果有『廉火貪格』或『廉鈴貪』格在巳宮，或『火、鈴』在亥宮，就有暴發運在巳年或亥年爆發了。

如果在『巳年』爆發的話，發的不算太大，容易很快恢復平靜，但次年午年有『巨門運』，多是非糾紛，未年走『天相運』。『廉貪』雙星俱陷落的問題，所以原本發不大，再經『巨門運』磨一下，其實已看不見暴發運的影子了。

如果在亥年爆發，亥年的『廉火貪』運更弱，更是發不久，很多都是沒什麼感覺就結束了。發沒怎麼發，落也沒怎麼落！

③『紫微在寅』命盤格式

3.紫微在寅

巨門(旺) 巳	廉貞(平) 天相(廟) 午	天梁(旺) 未	七殺(廟) 申
貪狼(廟) 辰			天同(平) 酉
太陰(陷) 卯			武曲(廟) 戌
紫微(旺) 天府(廟) 寅	天機(陷) 丑	破軍(廟) 子	太陽(陷) 亥

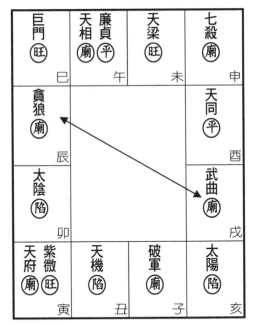

在『紫微在寅』命盤格式中，本身辰、戌就有『武貪格』暴發運了，只要不是壬年生人和癸年生人，也無『天空、地劫』在辰、戌宮，就有暴發運。如果再有『火、鈴』在辰宮和『貪狼』同宮，會有『雙重爆發運』，會發得很大。此命盤格式的一般人在龍年、狗年都會爆發暴發運。如果在龍年爆發，丙年、丁年生的人，『暴落』得快。其他的人是經由次年的『巨門運』，午年的『廉相運』，未年的『天梁運』再慢慢消滅當中。如果戌年爆發，則次年亥年就逢『太陽陷落』運，子年逢『破軍運』、丑年逢『天機陷落』運，一下子就暴落至谷底了。

④『紫微在卯』命盤格式

4.紫微在卯

天相(得) 巳	天梁(廟) 午	廉貞(平) 七殺(廟) 未	申
巨門(陷) 辰			酉
紫微(旺) 貪狼(平) 卯			天同(平) 戌
天機(得) 太陰(旺) 寅	天府(廟) 丑	太陽(陷) 子	武曲(平) 破軍(平) 亥

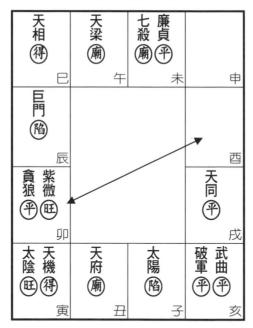

在『紫微在卯』命盤格式之中，如果有『火星、鈴星』落在卯宮或酉宮，就有『紫火貪』格或『紫鈴貪』格的『暴發運』，會在卯年或酉年爆發。

如果在卯年爆發的話，次年辰年逢『巨門陷落』運已『暴落』很深了，在巳年『天相運』時雖能拉抬回來一點，仍不算好。

如在酉年爆發，次年走『天同居平』運，已在走下坡了，到了亥年走『武破運』，是確實『暴落』至窮困境地了。

⑤『紫微在辰』命盤格式

5.紫微在辰

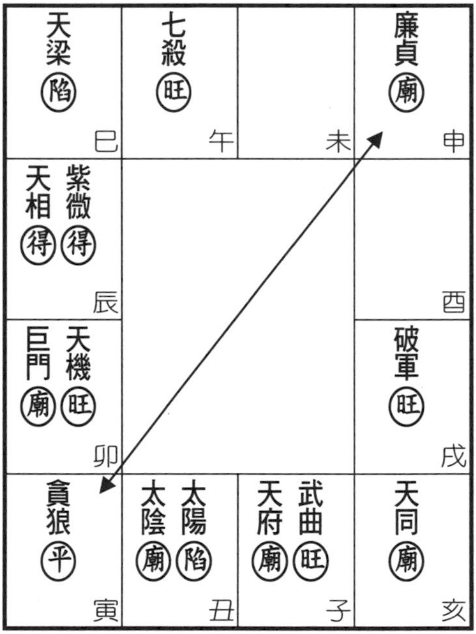

在『紫微在辰』命盤格式中，如果有『火星、鈴星』在寅宮或申宮和『貪狼』同宮或相照，形成『廉火貪』格或『廉鈴貪』格的『暴發運』，會在寅年或申年爆發。

如果在『寅年』爆發，則卯年走『機巨運』，辰年走『紫相運』都還不錯，沒什麼感覺，會到巳年走『天梁陷落』運時『暴發』，才會痛苦。

如果在『申年』爆發，次年『空宮運』已是不佳了，到了戌年走『破軍運』已『暴落』至深。

致富達人招財術

⑥『紫微在巳』命盤格式

6.紫微在巳

紫微(旺) 七殺(平) 巳	午	未	申
天機(平) 天梁(廟) 辰			廉貞(平) 破軍(陷) 酉
天相(陷) 卯			戌
太陽(旺) 巨門(廟) 寅	武曲(廟) 貪狼(廟) 丑	天同(旺) 太陰(廟) 子	天府(得) 亥

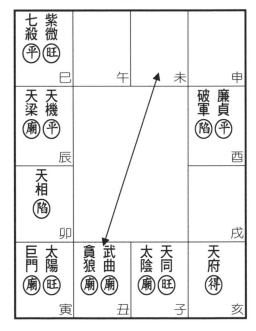

在『紫微在巳』命盤格式中，本身在丑年便有很強的『武貪格』會暴發。在未年亦有稍弱一點的『暴發運』會爆發。但有『武曲化忌』、『貪狼化忌』、『地劫』、『天空』同宮不發。如果在未宮再有『火星、鈴星』出現，有『雙重暴發運』，丑年、未年都會爆發。（『火、鈴』也不能和『天空』、『地劫』一起同宮）。**因此這個命盤格式主要是在丑年、未年爆發**。如果在**丑年爆發**『暴發運』時，寅年走『陽巨運』，會大而化之，而引起口舌是非，至卯年『天相陷落』運會『暴落』而錢財無存。如果是**未年爆發**，則次年走『空宮運』已運氣下降，至酉年（雞年）逢『廉破運』而『暴落』至谷底。

⑦『紫微在午』命盤格式

7.紫微在午

天機(平) 巳	紫微(廟) 午	未	破軍(得) 申
七殺(廟) 辰			酉
太陽(廟) 天梁(廟) 卯			廉貞(平) 天府(廟) 戌
武曲(得) 天相(廟) 寅	天同(陷) 巨門(陷) 丑	貪狼(旺) 子	太陰(廟) 亥

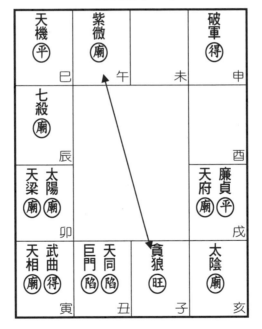

在『紫微在午』命盤格式中，如果有『火星或鈴星』在子宮或午宮出現，和『貪狼』同宮或相照，都會有『暴發運』，但不能有『化忌』和『天空』、『地劫』和『貪狼』同宮。有『擎羊』同宮仍會有『暴發運』，會小一點。此命盤格式的人，如果**爆發在『子年』的人**，次年丑年逢『同巨運』會暴落一些，暴落的狀況是慢慢的，只有在丑年會覺得嚴重一點，到寅年走『武相運』，卯年逢『陽梁運』還是不錯的。倘若是『**午年』爆發的話**，未年逢『空宮運』，申年逢『破軍運』，就會暴落速度很快，至谷底了。

致富達人招財術

⑧『紫微在未』命盤格式

8.紫微在未

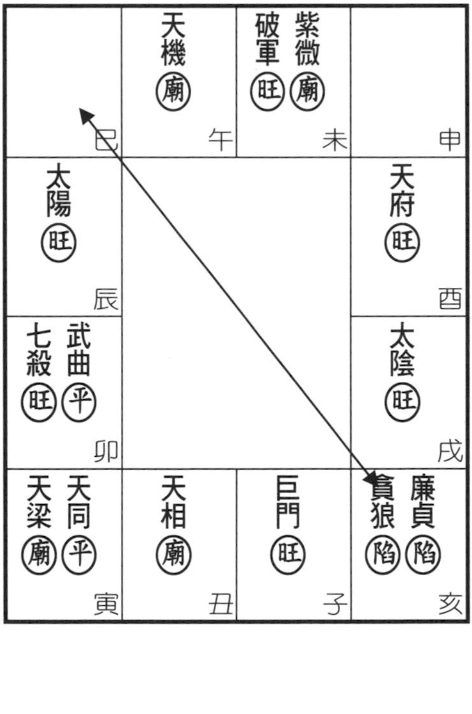

在『紫微在未』命盤格式中，如果在巳宮或亥宮有火星或鈴星進入，就是『火廉貪』格或『鈴廉貪』格的『暴發運』格。會在巳年或亥年爆發『暴發運』。其次以火、鈴在巳宮、廉貪在亥宮的暴發運稍大一點，而以在亥宮的『火廉貪』或『鈴廉貪』格的暴發運發得最小，所得錢財也最小。**如果在巳年爆發『暴發運』**，次年馬年逢『天機運』，多變化。未年逢『紫破運』，也是愛花錢耗財的運，因為發得小，和『暴落』的感覺沒有太顯著。**如果在亥年爆發**，子年走『巨門運』，多是非，已有『暴落』跡象，丑年走『天相運』，寅年走『同梁運』稍有彌補，但卯年走『武殺運』時，就會有『暴落』的感覺了。

⑨『紫微在申』命盤格式

9.紫微在申

太陽(旺) 巳	破軍(廟) 午	天機(陷) 未	紫微(旺) 天府(得) 申
武曲(廟) 辰			太陰(旺) 酉
天同(平) 卯			貪狼(廟) 戌
七殺(廟) 寅	天梁(旺) 丑	廉貞(平) 天相(廟) 子	巨門(旺) 亥

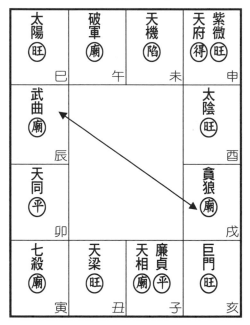

在『紫微在申』命盤格式中，本身就有『武貪格』『暴發運』格在辰、戌宮相照著，只要不是壬年、癸年生人，及生時是丑、巳、未、亥四個時辰生人，便會有完美的『暴發運』格。但如果戌宮有『火、鈴』進入，會有『雙重暴發運格』，能爆發更大的『暴發運』。所以辰年和戌年就是你們最快樂的時候了。**倘若你辰年爆發了**，要小心到了午年走『破軍運』開始暴落，至未年『天機陷落』運時至谷底。**倘若戌年爆發**，次年亥年走『巨門運』多是非口舌，子年逢『廉相運』，是慢慢的財富消失。丑年逢『天梁運』，財富不會增多，也不會劇減。要到『七殺運』時會有一點『暴落』跡象。

⑩『紫微在酉』命盤格式

10.紫微在酉

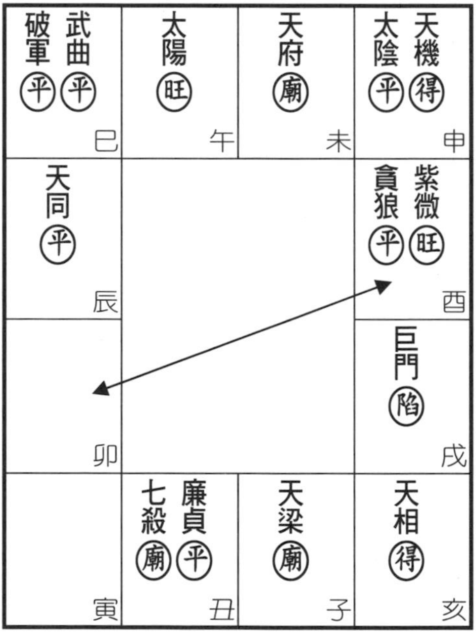

在『紫微在酉』命盤格式中，在卯、酉宮有『火、鈴』進入，就會有『紫火貪格』或『紫鈴貪格』。癸年生人和寅時、戌時生人不發，其他人都會發。

如果在卯年爆發，次年辰年走『天同居平』運、巳年走『武破運』，已暴落明顯。

如果在酉年爆發，戌年逢『巨門陷落』運，也會暴落明顯，但亥年逢『天相運』、子年逢『天梁運』仍會運氣稍回升一點，要到『廉殺運』才會真感覺辛苦、窮困。

⑪『紫微在戌』命盤格式

11.紫微在戌

天同(廟) 巳	武曲(旺) 天府(旺) 午	太陽(得) 太陰(陷) 未	貪狼(平) 申
破軍(旺) 辰			天機(旺) 巨門(廟) 酉
卯			紫微(得) 天相(得) 戌
廉貞(廟) 寅	丑	七殺(旺) 子	天梁(陷) 亥

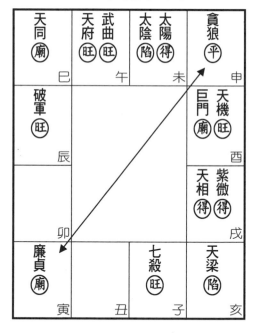

在『紫微在戌』命盤格式中，如果有『火星』或『鈴星』在寅宮或申宮，不能有『廉貞化忌』、『貪狼化忌』，也不能是卯時或酉時生的人，才有『暴發運』，會在寅年、申年爆發。

如果在寅年爆發，次年卯年逢『空宮運』，再次年辰年為『破軍運』，會暴落至谷低。

若在申年爆發，則次年逢『機巨運』，再至戌年逢『紫相運』，要到亥年逢『天梁陷落』運才暴落至谷底。

⑫『紫微在亥』命盤格式

12.紫微在亥

天府(得) 巳	天同(陷) 太陰(平) 午	武曲(廟) 貪狼(廟) 未	太陽(得) 巨門(廟) 申
辰			天相(陷) 酉
廉貞(平) 破軍(陷) 卯			天機(平) 天梁(廟) 戌
寅	丑	子	紫微(旺) 七殺(平) 亥

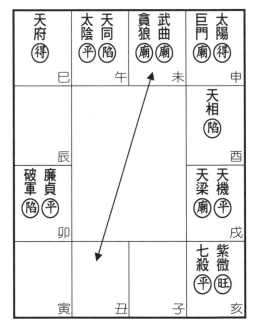

在『紫微在亥』命盤格式中，本身命盤格式中在未年就有極強的『武貪格』『暴發運格』，在未年會爆發。必需不是壬年或癸年生人，也不能是寅、辰、申、戌這四個時辰生人，否則有『天空』、『地劫』會入丑、未宮，形成破格、不發。若丑宮有『火星』或『鈴星』相照未宮，則有『雙重暴發運』會爆發。丑、未年也都有『暴發運』。

如果在未年爆發時，走到酉年逢『天相陷落』便暴落了。

如果是丑年爆發時，走到卯年逢『廉破運』而暴落了。

由以上的分析，你可以看出，不論是那一個命盤格式，皆是有『暴落』的時候，只是流年運氣上遇到的快慢而已。因此『暴落』是必然現象。暴起也是必然現象，既然如此，我們就要以平常心來看待它，把它當做人生中的功課習題來多做練習，來解開它。

4 人的性格會使『暴起暴落』的速度加快

大多數有『暴發運』的人，差不多都有急躁、暴躁的脾氣，做事衝動，沒時間深思熟慮，幾乎是百分之九十的人有這些問題了。

致富達人招財術

再則呢！至少有百分之八十以上的人，是對金錢沒有概念，是既不會算帳，也不會存錢儲蓄的人。有了錢就痛快的花，絲毫沒有警戒心、驕傲自大、唯我獨尊，別人不騙你，騙誰呢？再加上野心大、擴張快速，很快就會垮了，回到原點。這是一種惡性循環。即使下一次再爆發『暴發運』，你還是會重蹈覆轍再經歷一遍『暴起暴落』的痛苦。這種彷彿煉獄般的痛苦你承受得了嗎？

所以要改命、改運，首先要改自己的脾氣與性格，要多用一點腦子思考，學會耐住性子，除去急躁、暴躁的衝動，凡事慢一點，做好一切準備之後再爆發。對待你的暴發運要像獵人捕獵一般，萬事齊備，守株待兔的一舉擒獲，這樣，經過準備、操演，樣樣都計劃細密的迎接暴發運的到來，也為『暴起暴落』的問題做了預防的措施，自然『暴落』的機會就小了，你也可確實的享受到你的財富了。

第二節　反敗為勝在於價值觀

凡是有『暴發運』而歷經了『暴起暴落』過程的人，其實都有一個共同的缺點，就是太相信自己、太自我了！而且總以為自己做的決定是最對的，別人都比較笨。

致富達人招財術

我也曾經講過，人在旺運上是比較聰明的，而且智商會高出一般人很多出來。但那只是在那一個時間點而已。時間過了，也就不見得有那麼聰明了。但是一般人，總認為自己曾經發過，當然是比別人聰明的囉！而且認為一輩子都比別人聰明！所以那些上當受騙的人，都是自認為比別人聰明的人。因為就有騙子等在旁邊看著你自我麻醉、迷醉，只須要小小的奉陳你，就可把你帶引到暗處奪你的財了。

另一種人，他的『暴發運』是靠騙人起家的，起先是騙別人，後來騙的話說多了，連自己也相信了，連自己也騙了，因此『暴起暴落』的事，是不讓人驚訝的！

有一位四十多歲的女子來找我，希望看看能否藉『暴發運』來還債？

這位女子在四十歲以前都很窮，但在巳年（蛇年）爆發『暴發運』，和先生兩人包了一家貿易公司四佰萬元的工作來做，於是兩人很興奮，以為從此就事業鴻圖大展了，因此開始以擴張業務為理由，自周圍親朋好友借貸資金，一下子就借了兩、三千萬元。但向貿易公司包來的工作很快的做完了，就沒有後續的工作了，於是耗了兩、三年，夫妻離了婚，但債務人多半是女方的家屬親友，因此債務落在女方身上。這位女子也沒有能力、也無學歷，根本也不知生意是怎麼做的，只有拚命找另一個人來幫忙她還債，但所遇到的男人都很凶，會虐待她，所以她又想是不是可再用『暴發運』來還債的這一招來救自己了。

我仔細看過此女子的八字，發覺此女縱然有暴發運，也是不算大的『暴發運』，而一生最大的『暴發運』已過了，再無機會暴發大的『暴發運』了。而且此女的八字中完全沒有財星，是個很窮的八字，令人咋舌的是，她還真敢去向親友邀集資金借錢，看起來她這輩子是難以償還了。她的『暴發運』格是在巳宮的『廉火貪格』，今年已到酉年走『武殺運』，是『因財被劫』的窮運，戌年走『太陽陷落』運，亥年走『陀羅運』，這幾年都是窮運，因此很難有機會翻身。

所以我常和朋友們講：如果你想要投資別人或買股票、期貨或投資某一個公司資產，你一定要對其老闆或經營者有詳細的認識，不要冒然投資。因為一不小心，你所投資的錢財，就會成為別人爆發『暴發運』的財富之一了，而且等到他暴落時，你也血本無歸了！

要治療『暴起暴落』這個病因，最重要的，是就先要知己知彼。『知彼』的部份，前面已說過了，因為它是處在一個『殺、破、狼』的人生運程上，再加生年四化和刑星的輪番上陣，以及命盤格式的變化和流年運程的運行，因此會形成對自己的一種特殊的命運結構，剩下來就是要在『知己』的部份要下苦心了！

在『知己』的部份，首先要做到『修正自己的價值觀』這一項要求重點。

很多人都認為只要有了『錢』，便擁有了一切。有了錢便能高人一等，或出人頭地了！或是有了錢，便可指使別人，或控制別人了！有了錢，就是唯我獨尊了！其實這是很錯誤的想法。

有了錢，並不代表著什麼，只代表你的生活可過得稍富裕一點而已。有的人有了錢，近小人遠君子，反而暴起暴落得更快一些，或是遭人眼紅嫉妒，輕則遭騙，遭人把錢挖光。重則遭陷害，直接傷害性命，所以你不擁有一些聰明的想法與好的價值觀，是很難能平安的享受你的『暴發運』為你帶來的財富的。

如何來修正自己的價值觀

人應該懂得做人最基本的法則：『仁民愛物』，不要

把錢看得太重、太市儈氣。要弄清楚自己的命格，最好也要弄清楚自己『暴發運』的錢財所能存留的天數。有些具有『暴發運』的人，本命並不富有，『暴發運』級數又低，發不大，再加上爆發後其人驕傲自大，三個月就把『暴發運』得來的錢財搞光了，暴落的速度非常快。所以人要謙虛、自省一點，要謹慎一點。有了『暴發運』並不是凡事都比人強了，而是在時間上有一點幸運而已，過了那個時間也就什麼都沒有了。人的價值觀應

著重在自己的品行修為與事業、能力方面。如何能利用『暴發運』使自己的能力、事業更精進，這才是正確的價值觀。所以每一次暴發運的爆發，你就會有了更新一層的任務，那就是超越以前的自己。

我常發覺：愈是命窮、不富裕的人，對『暴發運』寄望的愈多、愈大。其實命窮的人，所能爆發的『暴發運』也不大，有些也只是聊勝於無的小暴發運。但是看到他們對暴發運有這麼大的期望，而且以為這是不勞而獲的好運，真為他們悲哀。倘若你現在仍有這種『暴發運』是不勞而獲得的好運想法，那你真的無藥可救，同時也真的無法藉『暴發運』來翻身了。

第三節　致富達人的『招財術』中儲蓄也很重要

『致富達人』的『招財術』之一——『理財』是『致富』的基礎，『儲蓄』是『理財』的根本，『理財』是一方面整理財務，一方面找出『可儲蓄』的錢財儲存起來，做好規劃。

在我年輕的時候，大約二、三十歲的時候，我覺得錢多錢少沒多大關係，沒錢時，就再去賺就好了，因此從不在意錢財，花錢大手大腳很痛快，也不留餘地。後來年紀稍長，覺得家無餘糧，實在痛苦，才痛下決心來理財存錢。至此，我才發，以前自以為不會理財，數不清錢數，是一種瀟灑，實際上是十分愚笨的行為，也是種耗財行為。等學會算命了，更知道以前的無知，其實也是運程受到刑剋所致，所以財來財去很快速，又不心痛。

以前沒有儲蓄觀念時，雖也有一些小的『暴發運』，但很少放在心上，而且隨便錢財送給家人或朋友，不以為意，長久以往，自然是一直都是兩手空空的。這種現象一直到我三十七歲爆發了一次極大的『暴發運』，一下子擁有數千萬財產。但又兩、三年之間化為烏有時，我才痛定思痛的瞭解儲蓄有多重要。雖然以後的這十幾年來，『暴發運』爆發的都很小，但我已知道必須儲存起來，因此反而生活過得比以前好太多了。而且我也知道還有一次人生最大的『暴發運』在後面即將到來，更是要好好把握！

在我周圍常有朋友來找我算『暴發運』，每個人走時多半會說一句話：『等我發了，一定來請你客！』

我說：『不必！』不論你是發大、發小都不用了！因為發得大了，你一定怕人知道，躲人都來不及，豈不是空口白話，不必講！如果發小了，你一定會請客，這樣雖是把好運分給大家，但在你自己來說，仍是『刑財』、『耗財』，不宜。

致富達人招財術

我常勸有『暴發運』的朋友要養成沈著、穩定的性格與態度，不能中一點小獎就大肆喧嘩，到處請客，深怕別人不知道自己有多好運。凡是有這種人在，你可看到不會有下一次再幸運的機會了。財神都被嚇走了！

我常勸即要爆發的人，預先做一個聚寶盆放在家中財位上，不論發大、發小，都把『暴發運』得來的錢財放在聚寶盆中做『錢母』，用來招徠更多的錢子、錢孫，廣進財源。更要常把用剩的零錢、紙鈔或銅板丟進聚寶盆中，長久以後，會一方面儲蓄了錢財，一方面又引進更多的財運。有一些日子過得苦的朋友，在接受我的建議之後，因為有了聚寶盆，日子也都漸漸平順、富裕起來。所以，倘若你目前正苦哈哈的，就快點為自己做一個聚寶盆吧！倘若你想招來更大的『暴發運』，也快為自己做一個聚寶盆吧！記得招『暴發運』的聚寶盆中最好要放一個先前中獎的物品或獎金做『錢母』，才會更有效。

沒有『暴發運』的人，做聚寶盆，會錢財平順，但無法再招來更大更多的『暴發運』。

※聚寶盆必須是盆壯、底寬、扁平的盛物器，用餅乾盒在外貼紅紙亦可，上寫『聚寶盆』三字，千萬不可用花瓶來代替，電視上有一位命理師很可笑的在家中用花瓶做聚寶盆，只招來爛桃花，不招財，十分靈驗。

第四節　致富達人的『招財術』中的『計劃』很重要

致富達人的『招財術』中，要有理財知識和計劃，**這一項太重要了！**

有一些朋友說：我現在還沒錢可理財，要等偏財運爆發還很久，所以『理財知識』，以後再學就好了！

你如果這麼說，那就錯了！到時候就來不及了！你們會落入『暴起暴落』的虎口之中的！

有的人會說：『中了樂透彩，銀行會派專員替我理財，所以也沒關係！』

致富達人招財術

銀行理財專員都是制式化的理財方式，這些方式適合你嗎？你也真的能相信他們嗎？所以一切靠自己，最可靠！

先學理財知識和理財計劃，以免到時候發了措手不及

通常有『暴發運』的人，大多不會理財，這是一個罩門，非常危險！但是人只要去接近理財或金融方面的知識，想辦法去熟悉它，也沒有學不會的。

首先，你要去學一些會計事務，至少把自己目前少少的錢財先打理好，先做一些項目上的分劃，把日常要

用的錢和要儲蓄的錢分開來。要強迫自己儲蓄和記帳，等到這些事情成為你的生活習慣時，再去銀行打聽，或坊間買書看，好好研有那些金融商品是有利於你保住『暴發運』所得來的大錢的。

現今我們都知道：錢存在銀行利率很低，以後利率升高了，放在銀行中生利息很合算，但目前來說，還是要另找保值生財的通路為重要。買基金、股票都會有一些風險，而且你須要長期對某些基金和股票做一些調查和瞭解工作。這些理財計劃都是無法在短時間中去瞭解透徹的，因此須在『暴發運』到來之前，便先要學習、分析好，以免到時措手不及。

注意稅務問題

當你爆發『暴發運』時，錢突然來得多了，自然會產生稅務問題，你也最好要先學習懂得一些稅法、稅務的問題，否則有時被罰，或被課以重稅，就得不償失了。有的人是爆發在事業上、工作上的『暴發運』，就會有稅務問題了。如果中樂透，由銀行代扣稅款較無關係。有些作家，爆發『暴發運』多領版權費，也會有版稅問題，須小心了。

第六章

控制環境──『致富達人』的『招財術』第一招

❁❁❁❁❁❁

致富達人必須學會控制自己周圍的環境，這樣你才能掌握你的大財富。無法控制自己環境的人，也不能留住財富，會有財沒庫！

第六章 控制環境——『致富達人』的『招財術』第一招

在我長久的觀察『暴發運』以來，我觀察到：只有少數人能保有『暴發運』的財富。而大多數的人，都在『暴起暴落』這場劫難中，傷痕累累，其原因當然很多，但總不外乎對『暴發運』的不瞭解，而造成的好大喜功，自以為是，不能明辨是非，不會理財。有些也是感情的因素，心太軟，被家人朋友圍繞、借貸，有福同享，一起耗財。最後錢財耗光了，大家再反目成仇。

我看到很多人在『暴發運』爆發之後，起初家人、朋友將其捧上天，大家一同來享福、搞錢，等到此人『暴落』時，使樹倒猢猻散，而且反目成仇。不但朋友如此，自己的家人也不例外。所以可以說，有很多人的『暴發運』財富，其實是被家人和朋友拖垮的！暴落的原因也是因為你周圍有這些『敗家精』所為的！但是，你能怪誰呢？沒有人會承認敗了你的財的。而且是自己的家人花了你的錢，是自己的親人，你也認為該給他們花的呀！所以還有什麼好報怨的呢！

其實！我也發現！有很多有『暴發運』的人，家中都較窮、不富裕，而且常常家中有『暴發運』的人，只有一人。當這個人逢好運爆發後，家人、朋友都一窩蜂的巴上去，雞犬升天了。這個人突然成了眾所矚目的英雄，自然要照顧一大家子窮困的家人或朋友了，於是悲劇就繼續演出，主角沒有自覺，一直到『暴發運』的錢財花光，又負債，又再度落入貧窮的深淵，才再後悔莫及的說：下次再有『暴發運』，我再也不會這麼慷慨無度了！可惜往往沒有下一次了！人生是不能重來的。此人若再去瞧瞧自己的八字，你也會發覺命中的財太少了。若是命中財多的人，你就會再有下次機會讓你翻身了。

倘若你不能確定知道，是否有再次翻身的機會，我勸你先學好對你周圍環境的控制，以防財富失而不再得！

致富達人會如何控制自己周圍的環境呢？

首先致富達人要會分析自己的環境。我們可由自己命盤上的遷移宮可以看出自己環境的特點和特質。如果其中有羊、陀、火、鈴、化忌、劫、空，就表示你周圍的環境不妙，環境中會有一些奇怪的人對你刑剋，或者環境中根本出現的人少，有人出現時就會劫你的財，使你耗財了。

『刑印』格局會刑剋環境

另一方面，在你的『命、財、官』、『夫、遷、福』等宮有『刑印』格局時，你也沒有辦法控制你的周圍環境，而容易任人宰割、受人欺負。**『刑印』格局是指有『天相、擎羊』同宮或相照的格局**，例如在子、午、卯、酉及辰、戌、丑、未等八個宮位中有天相和擎羊同宮或相照成為『刑印』格局。**『紫相羊』、『廉相羊』都是『刑印』格局**。有『刑印』格局的人，即使有『暴發運』，發了大財，最後，還是受牽累，被人嫉妒，或被人侵害，而無法保有自己的財富。

田宅宮不佳，『有財沒庫』

再則，當你的田宅宮不佳時，『有財沒庫』或者是『殺、破、狼』格局在田宅宮，或者有『羊、陀、火、鈴、化忌、劫空』在田宅宮。這都表示你的財庫不牢靠，容易存不住財。更表示你家中的人，相處不和樂，或人丁不旺，或是非多、爭鬥多，或家中人窮，相互來往少，即使來往也無法相互有助益。因此，家人少見面反而是好的，最好也不要有金錢瓜葛，否則定會相互拖累遭災。

『暴發運格』入六親宮，親人多刑剋

另一方面，我發現『暴發運格』出現在六親宮時，都會有一些現象：

『暴發運格』在父母宮

當『火貪格』出現在父母宮，父母脾氣壞、火爆、易怒，對子女不瞭解，也照顧不好子女，子女未來也少與父母見面。小時候父母也少看子女，偶而看一下。

當『鈴貪格』在父母宮，表示父母有古怪聰明，脾氣急，但有時有異常冷靜，也對子女不瞭解，不太有興趣，偶而看看子女，也照顧不好子女。子女未來也很少和父母見面。

當『武貪格』在父母宮，表示父母較有錢，事業好，運氣好，性格強勢、忙碌，不太瞭解子女，也無暇照顧子女，但對子女會用命令式的口吻，日後在親子關係上也會不順利。你容易因父母的關係擁有大財富或分家產。未來子女和父母相處也是直來直往的，仍是不多相互瞭解，而是和錢財有關的相處模式。

『暴發運格』在兄弟宮

當『火貪格』出現在兄弟宮，兄弟少，不多，或無兄弟，兄弟脾氣壞。你和兄弟姐妹間彼此不瞭解，也少談心，相處模式較『火爆』，也易相互牽扯遭災，即使逢兄弟宮暴發了，仍會因兄弟或意外事件而有損失。

當『鈴貪格』出現在兄弟宮，表示兄弟不多，或無兄弟，兄弟脾氣古怪、陰沈、易怒，平常不相見，也易爆發衝突。即使逢兄弟宮爆發了，仍會因兄弟，或意外事件而有損失。

當『武貪格』出現在兄弟宮，表示兄弟的能力和氣勢都比你強。兄弟易是從事軍警業的人。兄弟的財力也比你好，機會比你多，成就比你好。你也容易因兄弟而爆發偏財運。但兄弟的性格強硬、剛直，和你談不來，無法溝通。即使你爆發偏財運，兄弟也未必和你同心協力，相處融洽。

『暴發運格』在夫妻宮

當『火貪格』出現在夫妻宮，表示配偶是性格古怪、脾氣火爆的人。你們彼此不瞭解，也會聚少離多。或是根本不婚，婚姻時間很短。夫妻宮也代表人內心的想法，因此你也是個性格古怪的人，凡事興之所致，衝動行事，沒有計劃，而且天性好賭，特別賭性堅強，又有賭的靈感，因此你的一生很難過正常人的生活。更無法過公務員的生活。只要你感覺想賭時，就是偏財運發了。

當『鈴貪格』出現在夫妻宮，表示配偶性格更加古怪、火爆、衝動。你也會不婚，或離婚，或和配偶分居，事實上你本身也是個身藏不露的脾氣古怪的傢伙，你會更沈著冷靜、更好賭，賭得更大、更精準，第六感也特別靈，因此你會有異於常人的人生，更會做獨行俠來往於各地。

當『武貪格』出現在夫妻宮，表示配偶的性格強勢，而且配偶的能力好，會為你帶來好運或財運，你也容易因為配偶的關係而暴發。你不一定瞭解配偶，但相互會合作來得到財富。同時在你的內心想獲得的東西很多，不止是財富、地位，可能還有權力、政治爭鬥的角力輸贏。因此，你的貪心會擴大你的人生格局。不過你和配偶之間的感情，也會建立在利害衝突上，而無法有真實的愛情。

『暴發運格』在子女宮

當『火貪格』出現在子女宮，表示你與子女緣份薄，不易得子，或有一子，但不合，也易失去。你本身會有一點古怪的才華，但不一定有用。當『暴發運』在子女宮爆發時，你會意外得到財富而目中無人，什麼人也看不到了，家中也容易發生突然的狀況或事故，讓你無暇顧及而悔恨。

當『鈴貪格』出現在子女宮，表示你與子女緣份薄、不易得子，或有一子，但親子關係不佳。你和你的子女都有冷靜沈著的聰明，十分精靈鬼怪，你更會擁有不同於一般人的古怪才華，你不想讓人瞭解。當『暴發運』在子女宮爆發後，你會以奇怪的才華來獲得『暴發運』的財富，但也暴落得很快。你的家中是突然熱鬧一陣，又突然沉寂下來的狀況。

當『武貪格』出現在子女宮，表示子女很強勢、運氣好，又會賺錢。子女也易做軍警人員。你會有一些才華是突然得到錢財的，你也容易用自己會的小才華來賺錢，但會賺不久。你和子女相互不瞭解，子女是性格剛直、做事一板一眼的人。當你行運到子女宮爆發『暴發運』時，你會因為意外的學習到某些有用的才能而得到大財富。

『暴發運格』在僕役宮

當『火貪格』出現在僕役宮，表示你與朋友或部屬相處不算合諧，你的朋友脾氣古怪、性格暴躁，平常你和朋友不太來往，偶而才來往一下，也與朋友少溝通、相處冷淡，但你的朋友中有能使你暴發『暴發運』的人，即使這樣，你也不會感激他或平和的對待他們。

當『鈴貪格』出現在僕役宮，表示你與朋友或同事、部屬相處不合諧，會陰沈、冷淡以對。你的朋友、同事或部屬是脾氣古怪、性格急躁又冷陰深沈的人，平常少來往。但你的朋友或部屬很有可能會是使你暴發

『暴發運』的人。你會靠朋友而發，朋友會為你帶來大錢財。

當『武貪格』出現在僕役宮，表示你與朋友或同事部屬相處並不合諧，會硬梆梆的、不親密。你的朋友皆是運氣好，會賺錢、富有的人，你也會因為朋友為你帶來好運而暴發錢財，朋友會為你帶來事業上的大財富。

由以上可知，暴發運格在六親宮裡，會產生對人不同的運氣結果及人生結果。自然這些結果會塑造你周圍的環境。當你知道了這些，你是否更會知道如何來應付和掌握自己周圍的環境了呢？倘若真能練習到好的控制技巧，那你在控制『暴起暴落』方面，可說是已穩贏了一大半了呢！

第七章

加強準備——『致富達人』的『招財術』第二招

✿✿✿✿✿

致富達人的『招財術』必須要『先做好準備』，要先練就好武藝，才會『暴發運格』發得大！

致富達人招財術

第七章　加強準備——『致富達人』的『招財術』第二招

致富達人的『招財術』的第二招就是一面等待，一面加強準備。很多人望眼欲穿，喃喃自語的在等著『暴發運』的爆發。告訴他那一年、那一月、那一日會爆發時，他又傻呆呆的一直說：『好慢喲！要等好久好久……』

那當然啦！時間不到就不會發嘛！那必須是時間上的年、月、日、時，四個交會點才會形成的好運，哪會就那麼輕易的爆發成功呢？所以只有等時間往前推進、演進，才能等到你所想要的時間。

其實在等待的時間裡，你有很多事要做、要準備！只有充分的準備，才會使你逢到『暴發運』到來時，才會發得大。也只有充分準備好了，才能確實掌握『暴發運』，而不會讓它輕易從身邊溜掉。

如何為『招財術』做準備

『暴發運』是致富達人的『招財術』之一，但要分成一般平常的小『暴發運』或平生最大一次的『暴發運』。倘若是平常的小『暴發運』，有的人每年有二次（兩個月）的爆發機會，有的人每年只有一次（一個月）的爆發機會。因此要先算好爆發日和爆發月在那一天，先在月曆上用筆圈起來做記號，不要忘掉。

在逢到『爆發月』或『爆發日』之前，你如果是想操作股票或基金的人，事先最好對股票和基金有充份的認識和知識。目前還有購買選擇權的方式和期貨操作，以及外弊買賣，這些都需要有專業的金融知識，才能進入狀況，在『爆發月』或『爆發日』得到大利益及大錢財。所以這些知識是需要預先學習及準備的。

有些人喜歡簽樂透彩，也要事先做功課，研究一下那些數字是和你有緣份的數字，更要研究『暴發運』的時辰再去買樂透。

『招財術』中最重視『暴發運』時辰

你的『暴發運』時辰，就是你的『暴發運』所在宮位的名稱。例如你是『子午火貪格』，『暴發運』時辰就是子時和午時。如果『火貪格』在子宮，子時是『暴發運』時辰，但夜間樂透彩或股票尚無營業，無法購買操作，你可以選其對時（午時）來購買樂透彩及股票。

如果『暴發運』時間是丑時，你也可以用對宮未時來購買樂透彩或股票，如果是『辰戌武貪格』，『暴發運』是辰時和戌時，辰時還未營業，因此用戌時來簽注。如果是『寅申火貪格』或『鈴貪格』，『暴發運』時辰在寅時或申時，寅時太早還未營業，故用申時來操作購買。如果是『卯酉火貪格』或『鈴貪格』，『暴發運』時辰在卯時或酉時，卯時太早了未營業，故用酉時來操作購買。如果是『巳亥火貪格』或『巳亥鈴貪格』，『暴發運』時辰在巳時或亥時，亥時已入夜，可能不營業休息了，故可用巳時來購買操作。

『招財術』中的『爆發日』干支也要注意

在小的『暴發運』發生時，其實和『爆發日』干支有密切關係，倘若『爆發日』的干支是你的喜用神之喜用的話，則能得獎、中獎的成份很高，所以我會把在用『流年、流月方式』算出來的『爆發月』之內的日子，再圈出喜用神含用合於我的喜用的日子，這樣就更十拿九穩的接近及掌握暴發運了。

例如我本人是『辰戌武貪格』『暴發運』的人。在申年（猴年）七月時是小『爆發月』，偶然在一間咖啡屋喝咖啡，適逢該咖啡屋周年慶摸彩，過了一個月之後，我接到通知，知道抽中了去義大利的旅遊行程的獎品。經詢問他們的開獎日是七月二十日，那一天的日干支正好是庚子日，正是我的喜用神的用神。因此『爆發運』日干支的喜用神也是必須考慮進去的。

不但是小的『暴發運』暴發時間會是你的喜用神所需的干支日，就連一生一次最大『暴發運』的爆發時間也必會在你的喜用神所需的干支日內。更可能是你所需喜用的干支流年之內爆發的。所以你一定要先知道自己的喜用神是什麼，有時可先在月曆上或萬年曆上劃起來，先預做準備來等待爆發日到來。

※欲尋找選取自己的喜用神干支，可請算命老師告知，或請參考法雲居士所著《如何選取喜用神》上、中、下冊。

致富達人的『招財術』中，利於爆發『暴發運』的喜用神干支

喜用神為甲木、乙木的人，走『東方運』會爆發，『暴發運』干支為『甲寅』、『乙卯』。

喜用神為木火的人，走『東南方運』會爆發，『暴發運』干支為『丙戌』、『丁亥』。

喜用神為丙火、丁火的人，走『南方運』會爆發，『暴發運』干支為『丙午』、『丁未』。

喜用神為火金的人，走『西南方運』會爆發，『暴發運』干支為『丙申』、『丁酉』。

喜用神為庚金、辛金的人，走『西方運』會爆發，『暴發運』干支為『庚子』、『辛丑』、『壬申』。

喜用神為壬水、癸水的人，走『北方運』會爆發，『暴發運』干支為『壬子』、『癸丑』。

以上逢你自己本身八字命格所需的喜用神干支日時，再去簽樂或買股票，或摸彩才容易中獎。倘若一生最大一次『暴發運』，則大運或流年則肯定在喜用干支上才會爆發。

致富達人招財術

『致富達人』要為一生最大一次『暴發運』做準備

倘若你已算好了，知道了自己一生最大一次『暴發運』在何時了，接下來要準備的工作很多。要先視『暴發運』的格局而定準備工作。

如果你是『武貪格』的『暴發運格』

因為『武貪格』的特性必暴發在事業上，再由事業來得財富和地位成就。

因此第一，你必須要有工作，而且是認真的工作，而且在工作上要投注心力，這樣再逢『暴發運』，就有意外成功的機會。你如果太愛錢、太計較，或太偷懶，在要暴發的當口，突然失業了，那你爆發力量就會減輕。所以『武貪格』首要是要工作，要投資才會發！

第二、『武貪格』是極高的旺運格式，必需要『動』起來，才會發得大，不可在家休息睡覺，那樣你就不會發或發得小了。要外出找機會和許多人接觸，要靠人緣關係和工作機會，『暴發運』才會發得大。

第三、在接近『暴發運』欲爆發的時間，要多用感

覺去探索『暴發運』的方向，和會在那些事物上有爆發的可能。

通常『暴發運』快爆發的人，都有天賦異稟，在那個時期會特別聰明，擁有很高的智商和敏感力，判斷力，會像駱駝在沙漠中嗅出水源一般的能力，來嗅出令便他爆發錢財，或使他成功的爆發力造出來。所以你要在平生最大一次的『暴發運』到來之前，就要先練習用自己的敏銳力來尋找成功方向了。而且這是要爆發『暴發運』之前的預備工作，必先做好此預備工作，你才能輕易的明瞭『暴發運』的爆發是怎麼一回事。

第四、在『暴發運』欲到來之前，你更可利用你的

旺運期來大膽向困難挑戰，以及做別人所不能做之事，這樣，你不斷超越了自己，更超越了旁邊的很多人及周圍的凡夫俗子，自然在『暴發運』到來時，你所得到旺運是最高的！你所得到的地位是最高的！你所得到的財富和權力也會創新高！

第五、在『暴發運』到來前，你必須對自己大膽投資。你要投資自己去學習一些知識和技能，例如和你將來的財富有關連的管理知識，在事業上的公司管理，財務管理，人事管理，或是原物料管理方面的知識，你都要事先學習。有的時候，許多金融商品，你也要大致熟悉，而且對理財投資熟練。因為暴發運、偏財運所帶來之利益，仍和金錢、地位、權力有關，你必須先瞭解這整個的架構，才知道當你爆發『暴發運』時，不是為了護財而怕人知道而落跑。也會更有力量保護你的財富。

第六、在『暴發運』到來之前，要學習分辨誰是具有旺運的人，並和這些人多交朋友。我常說：人要有好運，須加入旺運組織。所謂的旺運組織並不是真的實體有這些組織，而是你常和一些好運的人在一起，而形成的一種小團體，我們將其命名為旺運組織。

其實你只要仔細觀察，你會發覺：衰運的人都會和衰運的人在一起。旺運的人會和旺運的人在一起。就像窮人都交窮朋友，交不到富朋友，偶而遇到一個富朋

致富達人招財術

友，也很難交心一樣。富人也只交和自己擁有差不多財富的人來做朋友。這是磁場相同而相吸的原理，所以社會上實際上是有一層無形的階級層次在籠罩著，其實是很難突破的。

致富達人的『招財術』會去加入旺運組織

致富達人從來不怕窮困，也不怕交的是窮朋友，也不怕一直無法翻身，只要在你的命格中有『暴發運格』（無論『武貪格』或『火、鈴貪格』都可以），你就可以把『暴發運』時間算好，在『暴發運』將到來的前幾個月中，或『暴發運』所屬的年份中，去尋找旺運的人和他做朋友！這樣你就容易加入旺運組織了！因為在『爆發運』年份裡，或『爆發月』上，你的運氣能逐步增高，有時會和那些有旺運的人差不多高度，因此容易和有旺運的人結交成功。在平常的日子中，你的旺運不佳，運氣較低彌，因此磁場和那些容易成功者較不合。等到你的旺運變好、變高了，自然能擠上成功之列了。

若你是平常生活一直很富裕，不會為金錢煩惱，也無煩憂之事，那你就是本身是具有某種旺運的人。你就慢慢等到『暴發運』爆發日到來，自然就能再多些成功和快樂了。

當你做好一切準備再等到『暴發運』的到來，再爆

發時，你會發覺『暴發運』已成為你人生中的一部份，也成為生命中的一部分。你更會發覺，藉由爆發『暴發運』的經過與歷程，你學習了此生你可能不太有機會學到的學問。也藉『暴發運』的爆發，你把你自己塑造出你自已想像的成功的人生，也擁有了你從未想到過的名聲與地位了。因此你不但擁有了財富，也創造了自己人生的奇蹟！

理財贏家非你莫屬

法雲居士⊙著

『理財』要做贏家，
就是要做『富翁』的意思！
所有的『理財贏家』
都有自己出奇致勝的絕招。
有的人就知道自己的財富寶藏在那裡。有的人卻懵懂、欠學，理財卻不贏。

世界上要學巴菲特的人很多，
但會學不像！

法雲居士用精湛的紫微命理方式，
引導你做個『理財贏家』從此改變人生，也找到自己的富翁之路。

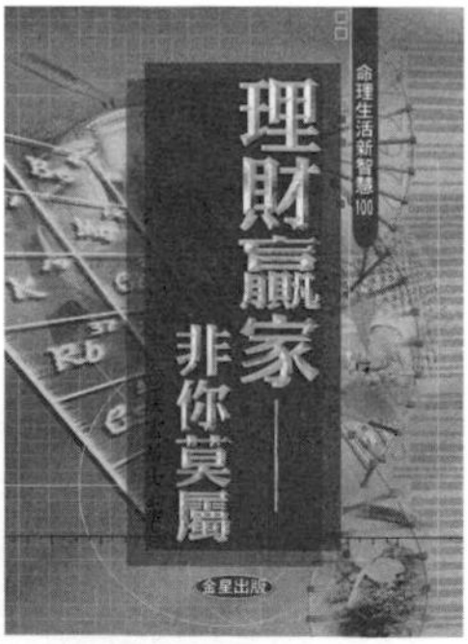

第八章

致富達人特殊的『招財術』

致富達人的特殊『招財術』，從開始促其暴發，一直到手摸到錢財，每一個關節要口都是要隨時小心翼翼的注意過程，才不會大意失荊州！

第八章　致富達人特殊的『招財術』

『致富達人』在此有特殊的『招財術』，那就是對於『暴發運』錢財的處理，通常我們認為是理財的要件。

一般銀行、金融機構都教你很多理財的方法，很多人都告訴你：雞蛋須放在不同的籃子之中，這樣才不會全打翻了。

但在討論『暴發運』的方面，那些金融企管人士是沒辦法瞭解清楚要如何處理還未發生的事情，及尚未爆發及尚未得到的錢財要如何管理。

通常在我們預知『爆發年』、『爆發月』、『爆發日』之後，但是我們很可能不知是何事會使我們爆發？很多人會認為『暴發運』即將來臨了，於是拚命去買樂透彩，拚命去簽大家樂，拚命去找能抽彩券的機會，或是一窩風的把錢財投資到股票、期貨中去，心想反正快爆發了，看看能不能多翻一些本吧！其實這些人往往都會很失望，有的人的『暴發運』發了，可能只是意外有加班的機會，多了一些加班費，有一位朋友在將臨『暴發運』的前一段時候，拚命到處去購買彩券，後來原來是父親病危，家中的房地產須他來繼承。這也是『暴發運』的形式呀！

還有人到處去打麻將，到處去賭博，或到韓國、菲律賓、澳門、泰國等地去賭，以及『暴發運』來臨時，能賺到大財富，結果『暴發運』卻是發在喝汽水時，瓶蓋中獎上面，而且也沒有自己預期的爆發得那麼大，你說是不是很虧？很懊喪呢？

這種『暴發運』爆發的不如自己所願的發生狀況，實際上會有很多原因。其中之一是你很可能對自己周圍環境的不瞭解，也對自己的『暴發運』格式不瞭解，更可能對自己的財運狀況不瞭解，所以你會不知道你的『暴發運』會發向那一個方向，以及會爆發多大？

倘若你實在沒辦法瞭解自己的『暴發運』會發向那一個方向，那你可以多為自己的『暴發運』找一些出口（找一些能爆發出來的機會和名目）。**例如你是『武貪格』的人**，你會知道能爆發在事業上，你就是從事幾種自己有興趣的工作，或做正職，或兼差，或做生意買賣或開店，或去參加考試，多去找一些機會，來讓自己有爆發的機會及路子。

有一位朋友是辛苦的普通上班族，利用晚間及假日去唸在職班的大學課程，後來參加營養師資格考試，拿到了證照，有醫院在應聘營養師，她過去應徵上任之後，立即有人找他組成減肥班，從此大開利市，錢潮滾滾而來，讓她有些傻眼了。她跟我說：『老師！『暴發運』來的滋味真是太奇妙了！但我怎麼會也沒想到它是在這麼一個地方和這麼一個行業之中出現的。我如果早知道！我早就唸完大學課程，早就考到營養師執照了，也不會拖拖拉拉唸這麼久，耽誤我後來賺錢的機會了！』

我跟她說：『時間一定要走到那一分那秒，『暴發運』才會爆發的，你如果早到位，『暴發運』也不發。如果晚到位，『暴發運』又過了。而且若是早的話，可能暴發運的事也可能不是這種以營養師資格所能做的事了，很可能是別的，其他的事了！

總之，你必須多留給自己一些爆發機會才行。

致富達人的『招財術』中，『暴發運』的錢財要有『過手』手續

不論你爆發的是那一種『暴發運』，是『武貪格』或『火貪格』，或『鈴貪格』所得到的錢財，必須要有『過手』的手續，才能安靜的使用和生活。

這種『過手』的手續很簡單的說：『就是將『暴發

運』得來的錢財，先過到另一個人名下，再轉回來自己的帳戶之中。』

為何『過手』的手續呢？主要是要預防太快的『暴起暴落』的問題。某些人在自己本命的命格中常是『過路財神』的命格，錢財留不住，甚至錢一到手中，便是左手進，右手出，錢在口袋中還沒溫熱呢，便已花出去了。所以做這種『過手』的手續，表示錢財並非是自己的財，希望『劫神』要瞭解，不要再來找自己『劫財』到別處去了。

另一種說法是用這種『過手』的手續，使『偏財』變為『正財』，而在自己身邊能留得久一點。

但我覺得，這種『過手』的手續只是一種形式而已，並不真正有效的防止『暴起暴落』或錢財遭劫財。真正要留住『暴發運』的財富，最好還是多瞭解理財，算帳的方法，先去學些會計事務，再去瞭解及熟悉一些金融商品的操作法，或是請教會理財的專家，請他們幫忙你理財，這樣就會穩當的守住你的財富了。

另外，三分法來分配財產也不錯。將『暴發運』得來的財富儲蓄起來三分之一。用另一個三分之一來投資股票或基金或做其他投資。第三份的三分之一用來滿足自己的花費。這樣也是穩當的做法。

如何掌握事業運

某些人因『暴發運』爆發了一些錢財，突然得到大錢財而捨不得花用，想全部存下來，但最後仍存不下來而搞光了。有些人因為『暴發運』而突然發富，卻搞得家破人亡，妻離子散。本來有『暴發運』是帶意外之財給你，應該更增加你的幸福的，結果卻讓人因錢財分攤的問題而家中吵得雞飛狗跳，而有悲慘下場，這種『暴發運』就不是福而是禍了！發了反而害人。**倘若你有這樣的問題，也同時表示你的『暴發運』是帶刑剋、傷害的『暴發運』**，你要小心了，不如不發為妙了。

姓名轉運術

法雲居士⊙著

利用『姓名』來改運、轉運，
古往今來都是常有的事！
但真要使『好姓名』達到增強旺運的功能，必須有許多特殊的轉運技術才行。

『姓名轉運術』
是一本教你可以利用特殊命理的方法，以及中國文字的特殊五行陰陽智慧，及納音聲轉效果來達成轉運、改運目的。
替改運者，重建一個優質的磁場環境，而完成今世世界高規格的生活目的，增進你的財富與事業成就。

第九章

致富達人的『招財術』禁忌

致富達人的『招財術』要小心禁忌，以免發了有災禍降臨，小心是帶刑剋的暴發運，爆發的是賠償金或喪葬補助費，亦或是遮羞費之類的。

第九章　致富達人的『招財術』禁忌

致富達人的『招財術』禁忌中，最要小心的是在『暴發運』中有一種是傷剋嚴重的『暴發運』，也是一種最好不發的『暴發運』，以及不發為妙，發了反而會為自己帶來災害，所以大家要認識清楚！

例一：

有一位大學碩士研究生在牛年逢『武貪格』而有『暴發運』，但此格局是帶『化忌』、『羊刃』的格局，原本不發，一發就慘了。

在丑年的『暴發運』月中丑時，騎機車遇車禍重傷，獲得八百萬的賠償，但這位研究生成為植物人，拖了很多年，一直到走『廉破運』，沈重的醫藥費把賠償金耗光了，才撒手離世。

這位研究生的『暴發運』格，就是在丑宮的『武曲、貪狼化忌、擎羊』的格局。

研究生 命盤

遷移宮 紫微 七殺 丁巳	疾厄宮 戊午	財帛宮 己未	子女宮 庚申
僕役宮 天機 天梁 丙辰	水二局		夫妻宮 廉貞 破軍化祿 辛酉
官祿宮 天相 乙卯			兄弟宮 壬戌
田宅宮 巨門化權 35－44 甲寅	福德宮 武曲 貪狼化忌 擎羊 25－34 乙丑	父母宮 天同 太陰化科 祿存 15－24 甲子	命　宮 天府 陀羅 5－14 癸亥

例二：

有一位女士年紀很大了，來算『暴發運』，我一看，嚇一跳，這個『暴發運』可不能發了，發了就有麻煩！果然，這位女士一生很坎坷，結婚四次，有一任丈夫跑了，一任丈夫離婚，二任丈夫死了。我請她回想，是不是每次有有嚴重的婚姻問題皆在猴年發生，她仔細想了一下說：有三次是在猴年發生的，有一次是在馬年發生的。

我們看這位女士的命盤，她的『暴發運』是由寅、申宮相照形成的，在申宮有『廉貞化忌、火星』，在寅宮有『貪狼』，相互形成帶化忌的『火貪格』，而這個有刑剋的『暴發運』又恰好處在夫妻宮裡，自然會有生離死別的婚姻了，而婚姻生活都很短暫。

這位女士是位國小教師，她說：『每逢她有一筆錢進帳，或有好的晉陞機會時，先生就會借故和她大吵，她不知為何會突然爆發這些爭執。第二任丈夫，就是大吵之後出去，第二天她被通知丈夫車禍死亡。第三任丈夫是在她抽中一個航空公司的獎項，正準備快樂的要出國，而接到惡耗，丈夫淹死了。

我勸這位女士，不要再想『暴發運』了，好好的、平安的生活就是福氣，因為『暴發運』給她帶來那麼多人生的波折，難道還不怕嗎？應該平靜的生活，遠離劫難才是！

由以上可知，有刑剋的『暴發運』也會給人帶來災難多的人生，所以最好是以防止其不發為妙！

此女士 命盤

疾厄宮 天梁 祿存 文昌 癸巳	財帛宮 七殺 擎羊 天空 甲午	子女宮 乙未	夫妻宮 廉貞化忌 火星 丙申
遷移宮 紫微 天相 陀羅 地劫 壬辰			兄弟宮 文曲 丁酉
僕役宮 天機化權 巨門 鈴星 辛卯			命宮 破軍 戊戌
官祿宮 貪狼 庚寅	田宅宮 太陽 太陰 辛丑	福德宮 武曲 天府 庚子	父母宮 天同化祿 己亥

第十章

致富達人『招財術』中的失與得

❁❁❁❁❁

致富達人的『招財術』，必須有平靜的生活，好好理財，才能富裕起來。富裕人生中還要為善才有快樂！

第十章 致富達人『招財術』中的失與得

致富達人的『招財術』中會有失、有得

在我看了那麼多人暴發的過程中，在我算了那麼多人的『暴發運』裡，往往，最後，我總有些感慨！**有時候，我會想：『暴發運』對人到底是好？**還是不好呢？

致富達人招財術

『暴發運』對某些人來說，是好的，創造了人生的價值，某些人更使人類更進步。例如有些科學家，因為有了『暴發運』，於是更創造了科學的奇蹟。有些醫生，更在生化科技中創造了更新的歷史紀元。**例如比爾蓋茲創立的微軟**，使電腦世界造福大眾。因此我們對於這些能造福人類生活的人，覺得『暴發運』是對他們有用的，也是對人類有好處的！

但是又看到某些人因『暴發運』而搞得人生起伏變化，時而爬至高樓，時而摔至谷底，有些人由窮而富，再落入窮境時，比先前還窮困，真是令人不忍目睹，為什麼同樣是人生，而『暴發運』對每個人的人生所賦與的意義有這麼大的不同？這讓我很是感慨！

可是，我最後發現：人們對『暴發運』的貪心和其人本身的能力是不成正比的。也就是說，其人本命未必有那麼多財，但卻想發得很大，因此會有一些問題產生。這也是造成過度的期望值與能享受到的金錢財富有很大差距的原因。

很多人想致富，會理財是一個重要關鍵。要過什麼樣的生活才容易理財成功呢？自然是要過平靜的、穩定的生活，所賺到的錢財不會大進大出，有穩定的收入，長此以往，才能積存錢財，也才能理財成功。

在我年輕的時候，做過許多大生意，也暴發過『暴發運』，但多次『暴起暴落』之後，我終於認清必須有穩定的生活，按步就班的『理財』，才會真正有『積蓄』，也才能說到『富有』。我是在四十歲以後才悟出這個道理的，所以我也對自己的人生做了最簡單、最平靜、單純的規劃。對於『暴發運』，我們已瞭解很多了，希望未來的日子與生活，不再被『暴發運』所擾亂。

因為我已確實知道：要過平靜的生活，才能真正的理財致富。『暴發運』在人生中，很多都是洶湧無情的波濤，很容易淹沒了人們的靈魂與糟蹋了人們的人生。

所以，你如果也能看清這一點，你也能早早的達到過平靜幸福的生活與勤勞『理財致富』的幸福車站了！

對你有影響的

殺、破、狼

上、下冊

法雲居士⊙著

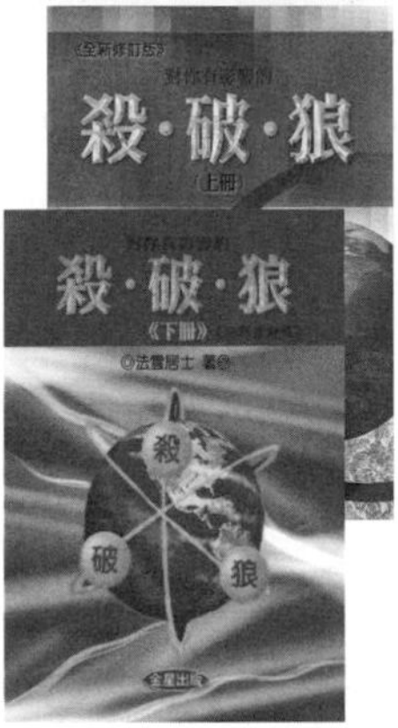

每一個人的命盤中都有七殺、破軍、貪狼三顆星，在每一個人的命盤格中也都有『殺、破、狼』格局，『殺、破、狼』是人生打拼奮鬥的力量，同時也是人生運氣循環起伏的一種規律性的波動。在你命格中『殺、破、狼』格局的好壞，會決定你人生的成就，也會決定你人生的順利度。『殺、破、狼』格局既是人生活動的軌跡，也是命運上下起伏的規律性波動。但在人生的感情世界中更是一種親疏憂喜的現象。它的變化是既能創造屬於你的新世界，也能毀滅屬於你的美好世界，對人影響至深至遠。

因此在人生中要如何把握『殺、破、狼』的特性，就是我們這一生最重要的功課了。

對你有影響的

紫、廉、武

法雲居士⊙著

在每個人的命盤中，都有紫微、廉貞、武曲三顆星，同時這三顆星也具有堅強的鐵三角關係，會在三合宮位中三合鼎立著，相互拉扯，關係緊密、共同組織、架構了你的命運。這也同時，紫微、廉貞兩顆官星和武曲一顆財星，也共同主宰了你的命運！當命盤中的紫、廉、武有兩顆以上居旺時，你的人生就會富足的多，也事業順利、有成就。要看命好不好？就先從你命盤中的這三顆星來分析吧！

星曜特質系列書包括：『殺、破、狼』上下冊、『羊陀火鈴』、『十干化忌』、『權、祿、科』、『天空、地劫』、『昌曲左右』、『紫、廉、武』、『府相同梁』上下冊、『日月機巨』、『身宮和命主、身主』。此套書是法雲居士對學習紫微斗數者常忽略或弄不清星曜特質，常對自己的命格有過高的期望或過於看輕的解釋，這兩種現象都是不好的算命方式。因此以這套書來提供大家參考與印證。

樂透密碼

法雲居士⊙著

偏財運的暴發能量 ＝ 人的質量 × 時間^2
（本命帶財）

會中樂透彩的人，必有其特質，其中包括了『生命財數』與『生命數字』。

能中樂透彩的人必有暴發運，而世界上有三分之一的人擁有暴發運。

因此能中樂透彩之人，必有其數字金鑰及生命密碼。如何運用這個密碼和金鑰匙打開生命中的最高旺運機會，又將在何時掌握到這個生命的最高峰，這本『樂透密碼』，將會為您解開『通往幸運之門的答案』。

考試你最強

法雲居士⊙著

讓老天爺站在你這邊幫忙你考試。

老天爺給你一天中的好時間、給你主貴的『陽梁昌祿』格、給你暴發的好運、給你許許多多零碎的、小的旺運來幫忙你 K 書、考試，但你仍需運用命理的生活智慧來幫你選邊站，老天爺才會站在你這邊！

如何運用運氣來考試運氣是由許多小的時間點移動的過程所形成的，運用及抓住好的時間點，就能駕馭運氣、讀書、K 書就不難了，也更能呼風喚雨，任何考試都讓您手到擒來，考試運強強滾！考試你最強！

如何推算大運流年、流月

上、下冊

法雲居士⊙著

全世界的人在年暮歲末的時候，都有一個願望。都希望有一個水晶球，好看到未來一年中跟自己有關的運氣。是好運？還是壞運？

這本『如何推算大運、流年、流月』下冊書中，法雲居士利用紫微科學命理教您自己來推算大運、流年、流月，並且將精準度推向流時、流分，讓您把握每一個時間點的小細節，來掌握成功的命運。

古時候的人把每一個時辰分為上四刻與下四刻，現今科學進步，時間更形精密，法雲居士教您用新的科學命理方法，把握每一分每一秒。在每一個時間關鍵點上，您都會看到您自己的運氣在展現成功脈動的生命。

法雲居士利用紫微科學命理教你自己學會推算大運、流年、流月，並且包括流日、流時等每一個時間點的細節，讓你擁有自己的水晶球，來洞悉、觀看自己的未來。從精準的預測，繼而掌握每一個時間關鍵點。

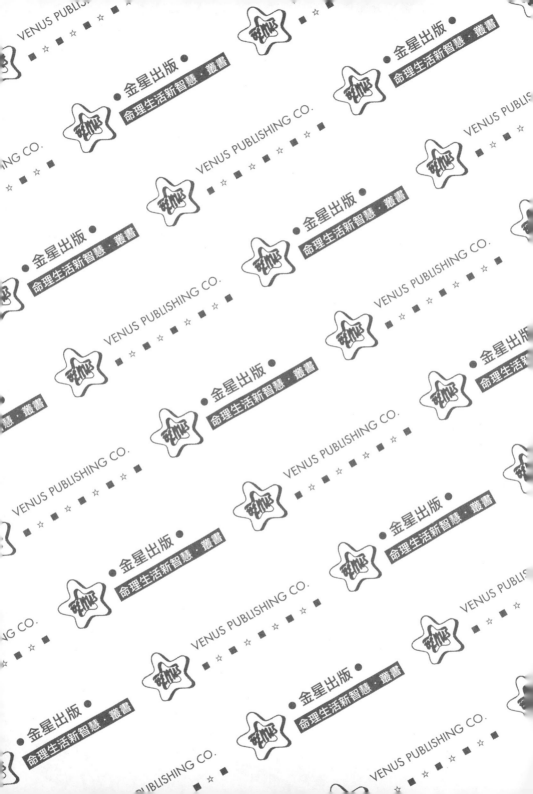